Stefan Zanner

Unterstützung standortverteilter Geschäftsprozesse durc und Kommunikationstechnologien

Am Beispiel des technischen Änderungsmanagements

Stefan Zanner

Unterstützung standortverteilter Geschäftsprozesse durch moderne Informations- und Kommunikationstechnologien

Am Beispiel des technischen Änderungsmanagements

Diplom.de

Bibliografische Information der Deutschen Nationalbibliothek:

Bibliografische Information der Deutschen Nationalbibliothek: Die Deutsche
Bibliothek verzeichnet diese Publikation in der Deutschen Nationalbibliografie;
detaillierte bibliografische Daten sind im Internet über http://dnb.d-nb.de/ abrufbar.

Copyright © 1998 Diplomica Verlag GmbH
Druck und Bindung: Books on Demand GmbH, Norderstedt Germany
ISBN: 978-3-8386-1239-3

http://www.diplom.de/e-book/217154/unterstuetzung-standortverteilter-
geschaeftsprozesse-durch-moderne-informations

Stefan Zanner

Unterstützung standortverteilter Geschäftsprozesse durch moderne Informations- und Kommunikationstechnologien

Am Beispiel des technischen Änderungsmanagements

Diplomarbeit
an der Technischen Universität München
April 1998 Abgabe

Diplomarbeiten Agentur
Dipl. Kfm. Dipl. Hdl. Björn Bedey
Dipl. Wi.-Ing. Martin Haschke
und Guido Meyer GbR

Hermannstal 119 k
22119 Hamburg

agentur@diplom.de
www.diplom.de

ID 1239

Zanner, Stefan: Unterstützung standortverteilter Geschäftsprozesse durch moderne Informations- und Kommunikationstechnologien: Am Beispiel des technischen Änderungsmanagements / Stefan Zanner - Hamburg: Diplomarbeiten Agentur, 1999
Zugl.: München, Technische Universität, Diplom, 1998

Dipl. Kfm. Dipl. Hdl. Björn Bedey, Dipl. Wi.-Ing. Martin Haschke & Guido Meyer GbR
Diplomarbeiten Agentur, http://www.diplom.de, Hamburg
Printed in Germany

Diplomarbeiten Agentur

Wissensquellen gewinnbringend nutzen

Qualität, Praxisrelevanz und Aktualität zeichnen unsere Studien aus. Wir bieten Ihnen im Auftrag unserer Autorinnen und Autoren Wirtschaftsstudien und wissenschaftliche Abschlussarbeiten – Dissertationen, Diplomarbeiten, Magisterarbeiten, Staatsexamensarbeiten und Studienarbeiten zum Kauf. Sie wurden an deutschen Universitäten, Fachhochschulen, Akademien oder vergleichbaren Institutionen der Europäischen Union geschrieben. Der Notendurchschnitt liegt bei 1,5.

Wettbewerbsvorteile verschaffen – Vergleichen Sie den Preis unserer Studien mit den Honoraren externer Berater. Um dieses Wissen selbst zusammenzutragen, müssten Sie viel Zeit und Geld aufbringen.

http://www.diplom.de bietet Ihnen unser vollständiges Lieferprogramm mit mehreren tausend Studien im Internet. Neben dem Online-Katalog und der Online-Suchmaschine für Ihre Recherche steht Ihnen auch eine Online-Bestellfunktion zur Verfügung. Inhaltliche Zusammenfassungen und Inhaltsverzeichnisse zu jeder Studie sind im Internet einsehbar.

Individueller Service – Gerne senden wir Ihnen auch unseren Papierkatalog zu. Bitte fordern Sie Ihr individuelles Exemplar bei uns an. Für Fragen, Anregungen und individuelle Anfragen stehen wir Ihnen gerne zur Verfügung. Wir freuen uns auf eine gute Zusammenarbeit

Ihr Team der *Diplomarbeiten* Agentur

Dipl. Kfm. Dipl. Hdl. Björn Bedey —
Dipl. Wi.-Ing. Martin Haschke ——
und Guido Meyer GbR ————

Hermannstal 119 k ————
22119 Hamburg ————

Fon: 040 / 655 99 20 ————
Fax: 040 / 655 99 222 ————

agentur@diplom.de ————
www.diplom.de ————

Inhaltsverzeichnis

Abbildungsverzeichnis

Abkürzungsverzeichnis

CAD	Computer Aided Design
CGI	Common Gateway Interface
CIM	Computer Integrated Manufacturing
DFA	Design For Assembly
DFG	Deutsche Forschungsgesellschaft
DFM	Design For Manufacturing
DIN	Deutsche Industrienorm
DV	Datenverarbeitung
EDM	Engineering Data Management
F&E	Forschung & Entwicklung
FEM	Finite Elemente Methode
FMEA	Failure Mode and Effect Analysis
HTTP	Hypertext Transfer Protocol
HTML	Hypertext Markup Language
ISO	International Standard Organisation
IuK	Information und Kommunikation
JDBC	Java Database Connectivity
KE	Kostenermittlung
OSI	Open System Interconnection
PDM	Product Data Management
RFC	Request For Comments
SFB	Sonderforschungsbereich
SQL	Structured Query Language

VDI-Z	Zeitschrift des Verein deutscher Ingenieure für integrierte Produktionstechnik
WWW	World Wide Web
ZfB	Zeitschrift für Betriebswirtschaft
ZWF	Zeitschrift für wirtschaftliche Fertigung

1 Einleitung

Wandel der Rahmenbedingungen

Verfolgt man die Berichterstattung über aktuelle Entwicklungen in der Wirtschaft, so stellt man fest, daß sich Meldungen über Kooperationen, Firmenfusionen, strategische Allianzen und unternehmensinterne organisatorische Umstrukturierungsmaßnahmen in letzter Zeit häufen[1]. Hintergrund hierfür sind tiefgreifende Veränderungen der Rahmenbedingungen wirtschaftlicher Betätigung, an die sich die Unternehmen mit diesen Aktivitäten anzupassen versuchen.

Welche Veränderungen lassen sich im einzelnen beobachten? Drei Kategorien können hierbei im wesentlichen unterschieden werden (vgl. Picot / Reichwald / Wigand 1996, S. 3):

- Veränderung der Wettbewerbssituation

- Innovationspotentiale der Informations- und Kommunikationstechnik

- Wertewandel in Arbeitswelt und Gesellschaft

Durch den Wandel der Rahmenbedingungen rückt der Wettbewerb in eine neue Dimension vor, was sich darin äußert, daß neben die traditionelle strategische Wettbewerbsgröße der Kosten die Zeit, die Flexibilität und die Qualität als eigenständige strategische Größen hinzutreten. Picot / Reichwald / Wigand (1996, S. 366) weisen zudem daraufhin, daß ohne eine angemessene Berücksichtigung der Humansituation Unternehmensziele zukünftig immer schwerer erreicht werden können. Vor diesem Hintergrund werden vor allem eine Steigerung der Kostenwirtschaftlichkeit, eine Reduzierung der Reaktionszeit sowie eine Erhöhung der Kundenorientierung als notwendig erachtet (vgl. Frese 1994, S. 129), worauf Unternehmen mit obigen Maßnahmen abzielen.

Obwohl die Notwendigkeit einer Neuorientierung mittlerweile größtenteils erkannt und mit deren Umsetzung auch begonnen wurde, bleiben heute trotzdem noch viele Bereiche ungenutzt, deren effektivere und effizientere Gestaltung zu einer Verbesserung in den

---

[1] vgl. z. B. den Verkauf diverser Geschäftseinheiten bei Siemens (Schwarzer 1997, S. 48), die Umstrukturierung der Führung bei Krupp (Nölting 1997, S. 42) oder die Übernahme von Compuserve durch AOL (o. V. 1997, S. 1f.)

Dimensionen Zeit, Kosten, Flexibilität und Qualität und damit der Wettbewerbsfähigkeit führen könnte. Ein Beispiel hierfür ist die Abwicklung technischer Änderungen.

Die Bedeutung technischer Änderungsprozesse

Diversen Veröffentlichungen zum Themenkomplex „Technische Änderungen" läßt sich entnehmen, daß Änderungen heute weder effektiv noch effizient abgewickelt werden. Hier einige Beispiele:

- 30 % des gesamten F&E-Aufwandes ist Änderungsaufwand, der nach Einschätzung von Entwicklungsleitern vermieden werden kann (vgl. Bullinger / Wasserloos 1990).

- Die Erhöhung der Anzahl der Änderungsfälle von 15,5 auf 16,5 führte zu einem Rückgang der totalen Faktorproduktivität (= Gesamtausstoß zu Gesamtaufwand) um 2,8 % (vgl. Hayes / Clark 1987, S. 98).

- Die Höhe der Änderungskosten beläuft sich auf 1 - 3 % des Umsatzes (vgl. Haug / Korge 1993).

- Durchschnittlich sind 7 % der Belegschaft durch Änderungen gebunden, davon in der Konstruktion alleine ca. 20 % (vgl. Conrat 1997).

Diese Zahlen werfen zurecht die Frage auf, woran es liegt, daß die Potentiale, die Änderungsprozesse zweifelsohne zur Steigerung der Wettbewerbsfähigkeit bergen, von den Unternehmen nicht oder nur eingeschränkt genutzt werden.

Ein Grund dafür kann sein, daß Änderungen und der mit ihnen verbundene Aufwand als „lästige Pflicht" angesehen werden (vgl. Dörr 1977). So muß es nicht weiter verwundern, daß heute eine hohe Anzahl von Änderungen und durch sie verursachte Folgeänderungen, lange Durchlaufzeiten und ein viel zu spätes Erkennen der Änderungsnotwendigkeit Realität sind. Logische Konsequenz dieser Mißstände muß eine Verbesserung des Änderungsmanagements sein, das auf

- die Senkung der Anzahl der Änderungsfälle,

- die Beschleunigung der Änderungsabwicklung und

- die Änderungsvorbeugung

hinwirkt.

Oberstes Ziel eines derart gestalteten Änderungsmanagements muß es dabei sein, einen Wandel des Verständnisses von Änderungen als Störquelle hin zu einem Verständnis von Änderungen als Chance zum Lernen zu bewirken (vgl. Wildemann 1993a, S. 226).

Ein Aspekt, der bei der Konzeption eines Änderungsmanagements allerdings Probleme aufwirft, ist die zunehmend zu beobachtende Tendenz zur räumlichen Verteilung der Unternehmensstrukturen.

Standortverteilung und ihre Auswirkung auf den Änderungsprozeß

Unter der Standortverteilung kann man allgemein die räumliche Verteilung der an der Leistungserstellung beteiligten Organisationseinheiten verstehen. Diese beinhaltet neben einer Ansiedlung von Unternehmenseinheiten an unterschiedlichen Standorten eine Leistungserstellung an verschiedenen Standorten infolge der Einbeziehung externer Partner in den Prozeß der Leistungserstellung.

Die Bedeutung der Standortverteilung liegt darin, daß sie viele Möglichkeiten zu einer Anpassung an die neuen Wettbewerbsbedingungen bietet. So können beispielsweise durch die Verlagerung von Fertigung und Montage in Billiglohnländer Kosten gesenkt und durch geographische Nähe zu Märkten und Wissenszentren Zeitvorteile, verbesserte Absorption neuen Wissens und stärkere Kundenorientierung realisiert werden. Darüber hinaus kann durch zeitlich begrenzte Kooperationen eine anforderungsgerechte Kapazitätsanpassung und damit eine höhere Flexibilität erreicht werden (vgl. hierzu z. B. Kuemmerle 1997; Picot / Reichwald / Wigand 1996; Ferdows 1997).

Eine Leistungserstellung in standortverteilten Strukturen bringt allerdings auch einige Probleme mit sich, wie z. B.:

- Erschwerte Kommunikationssituation, insbesondere bei Abstimmungsprozessen
- Schwierigkeiten der überbetrieblichen Kopplung von Wertschöpfungsketten
- Probleme der Personalführung
- Reibungsverluste infolge verschiedener Unternehmenskulturen

Diese Negativeffekte standortverteilter Leistungserstellung tangieren natürlich auch die Abwicklung technischer Änderungen, so daß im Rahmen der Gestaltung eines standortübergreifenden Änderungsmanagements diesen Effekten Rechnung getragen werden muß. Eine zentrale Rolle spielen hierbei sicherlich die modernen Informations- und Kommunikationstechnologien.

Aufgabenstellung dieser Diplomarbeit und Vorgehensweise

Zentraler Aspekt dieser Arbeit ist die Analyse der Potentiale, die moderne Informationstechnologien – allen voran die Inter-/Intranet-Technologien – zur Gestaltung standortverteilter Geschäftsprozesse beitragen können. Als Beispiel für derartige Prozesse dient aus zweierlei Gründen der technische Änderungsprozeß. Zum einen birgt dieser, wie oben bereits erwähnt, großes Verbesserungspotential in sich, das von den Unternehmen bisher kaum gesehen wird. Zum anderen konnte für die Erstellung dieser Arbeit auf fundierte Erkenntnisse über technische Änderungsprozesse in der industriellen Praxis zurückgegriffen werden, die im Rahmen der Forschungstätigkeit des Lehrstuhls von Prof. Reichwald gewonnen wurden.

Anhand eines Geschäftsprozeß-Modells einer technischen Änderung, das zunächst der Prämisse eines einzigen Standorts unterliegt (Kapitel 2) und anschließend in ein standortverteiltes Modell überführt wird (Kapitel 3), werden die grundsätzlichen Probleme der heutigen Änderungsabwicklung aufgezeigt. Diese identifizieren Ansatzpunkte für die Gestaltung eines effektiven und effizienten Änderungsmanagements, welches Gegenstand des Kapitels 4 sein wird. Darauf aufbauend wird im weiteren der Frage nachgegangen, wie ein Änderungsprozeß bei verteilten Standorten idealerweise ablaufen könnte. Welche technischen Möglichkeiten die Inter-/Intranet-Technologien heute bieten und inwieweit sie geeignet sind, heutige Änderungsprozesse effektiver und effizienter zu gestalten und dem idealen Änderungsprozeß ein Stück weit näher zu kommen, wird in Kapitel 5 untersucht.

2 Der Geschäftsprozeß „Technische Änderung" heute - ein Modell

Die in der Vergangenheit vorherrschende tayloristische Sichtweise der Vorgänge in Unternehmen wird vor dem Hintergrund sich schnell wandelnder Rahmenbedingungen abgelöst von einem prozeßorientierten, ganzheitlichen Denken. Im Mittelpunkt der Betrachtung steht dabei der Geschäftsprozeß, ein Instrument zur Komplexitätsbeherrschung, mit dessen Hilfe Schwachstellen in den Unternehmensabläufen aufgedeckt werden können und somit eine Basis für deren Verbesserung geschaffen werden kann. Der folgende Abschnitt zeigt die Anwendung des Geschäftsprozeßgedankens auf technische Änderungsprozesse anhand eines modellhaften Ablaufs einer technischen Änderung.

2.1 Technische Änderung als Geschäftsprozeß

Ausgehend von der begrifflichen Bestimmung eines Geschäftsprozesses und charakteristischen Merkmalen technischer Änderungen soll im folgenden gezeigt werden, welche Eigenschaften technischer Änderungsprozesse deren Behandlung als Geschäftsprozesse rechtfertigen.

2.1.1 Der Begriff des Geschäftsprozesses

Unter einem Prozeß versteht man die „Gesamtheit von aufeinander einwirkenden Vorgängen in einem System, durch die Materie, Energie oder Information umgeformt, transportiert oder gespeichert wird" (vgl. DIN 66021, Teil 1, 05.81). Überträgt man diese Vorstellung eines Prozesses auf ein Unternehmen und sind o. a. Vorgänge auf ein Unternehmensziel gerichtet, so spricht man von einem Geschäftsprozeß. Ein Geschäftsprozeß kann demnach als „eine Folge von Aktivitäten" verstanden werden, „die erforderlich sind, um ein bestimmtes Geschäftsziel des Unternehmens durch Umformung, Transport oder Speicherung von Materie, Energie oder Information zu erreichen" (vgl. Groditzki 1989).

In der Literatur wird der in obiger Definition sehr weit gefaßte Begriff des Geschäftsprozesses weiter präzisiert. Bullinger (1993, S. 22/23) schlägt hierzu folgende Charakterisierung vor:

- Geschäftsprozesse sind definierte Abläufe des Betriebsgeschehens; sie sind inhaltlich abgeschlossen und können von vor-, neben- oder nachgelagerten Vorgängen isoliert betrachtet werden.

- Sie sind durch einen definierten Beginn und ein definiertes Ende gekennzeichnet.

- Initiiert wird der Prozeß meist durch einen externen Auslöser, der als Eintritt eines definierten Zustandes zu verstehen ist.

- Der Prozeß endet mit der Zielerreichung.

- Ein Prozeß erhält Input und liefert Output; er befindet sich im Kontext vor- und nachgelagerter Prozesse.

- Ein Geschäftsprozeß setzt sich aus mehreren Teilprozessen zusammen, die sequentiell oder parallel ablaufen können.

- In den meisten Fällen sind mehrere Abteilungen an einem Prozeß beteiligt.

- Kunden, Lieferanten und andere externe Bezugsgruppen werden in den Prozeß miteinbezogen.

- Geschäftsprozesse sind von dynamischer Natur und müssen ständig an veränderte Rahmenbedingungen angepaßt werden.

- Die Prozeßorientierung betrachtet parallel alle prozeßrelevanten Parameter wie Personal, Material, Produktionsanlagen, Informationen und Informationsanlagen, Qualität, Durchlaufzeiten und alle Aspekte der Organisation, auch diejenigen, die als Randbedingungen den Prozeß entgegen der Zielrichtung beeinträchtigen.

Sinn und Zweck der Identifizierung von Geschäftsprozessen in einem Unternehmen ist eine Visualisierung betrieblicher Abläufe. Durch die Konzentration auf einen Geschäftsprozeß wird ein in sich geschlossener Ausschnitt der komplexen realen Unternehmenswelt erzeugt, der im Rahmen von Business Process Reengineering-Projekten unabhängig von den restlichen Abläufen im Unternehmen analysiert und optimiert werden kann.

Bei der Bestimmung eines Geschäftsprozesses ist es wichtig, daß innerhalb des Prozesses möglichst starke Bindungen zwischen den einzelnen Teilaktivitäten bestehen, während zu anderen Geschäftsprozessen möglichst nur lose oder gar keine Verknüpfungen existieren (vgl. Scheer 1995). Nur unter dieser Voraussetzung bleibt bei einer isolierten Betrachtung Realitätsnähe und damit Aussagekraft gewahrt.

Abbildung 2.1: Prozeßparameter eines Geschäftsprozesses

Zur Ermittlung eines Geschäftsprozesses bieten sich vielfältige Methoden an, die von einfachen Prozeß- und Ablaufdiagrammen bis hin zu hochentwickelten Softwaretools reichen (vgl. Fromm 1993). Unabhängig davon, welche Methode zum Einsatz kommt, können durch die nach der Erhebung eines Geschäftsprozesses durchgeführte Analyse die in Abbildung 2.1 dargestellten Prozeßparameter identifiziert werden (in Anlehnung an Bullinger 1993, S. 25). Die gesammelten Erkenntnisse über diese Parameter sowie deren Zusammenwirken bilden dann die Ausgangsbasis für eine Zieldefinition der Geschäftsprozeßoptimierung (vgl. Jost 1994).

2.1.2 Charakteristik technischer Änderungsprozesse

Die Intention dieses Abschnitts ist eine Vermittlung der Grundlagen technischer Änderungsprozesse. Ausgehend von begrifflichen Definitionen werden im folgenden einige Merkmale technischer Änderungen aufgezeigt.

2.1.2.1 Begriffsdefinitionen

Der Begriff der Änderung findet in der technischen und betriebswirtschaftlichen Literatur in verschiedensten Zusammenhängen Anwendung. Im Kontext organisatorischer Problemerörterungen werden damit Veränderungen an der Organisationsstruktur eines Unternehmens bezeichnet (vgl. z. B. Kieser 1993), während in eher technisch orientierten Belangen unter einer Änderung eine Produktänderung oder Änderung von Verfahren in Fertigung, Montage oder Qualitätssicherung verstanden wird (vgl. Wildemann 1993b). Aufgrund dieser unterschiedlichen Belegungen des Begriffes der Änderung ist es für eine detaillierte Analyse und Optimierung von Änderungsprozessen, wie sie in dieser Arbeit durchgeführt wird, unumgänglich, den Begriff der Änderung und mit diesem in Zusammenhang stehende Bezeichnungen eindeutig zu definieren.

Technische Änderungen

Wenn im weiteren der Begriff „Änderungen" verwendet wird, dann sind Produktänderungen im Sinne von technischen Änderungen gemeint. Sie sind definiert als „vereinbarte Festlegung eines neuen Zustandes anstelle des bisherigen" (vgl. DIN 6789 - Teil 3, 2.1). In der betrieblichen Praxis sind technische Änderungen dadurch charakterisiert, daß durch sie eine Anpassung von bereits freigegebenen Produkten oder den zugehörigen technischen Unterlagen, wie z. B. Zeichnungen, Stücklisten, Bau- und Arbeitsplänen etc. notwendig wird (vgl. DIN 199 Teil 4). Technische Änderungen umfassen damit nicht Änderungen, die in frühen Stadien des Entwicklungsprozesses auftreten. Diese Art von Produktänderungen sind ohnehin weniger problematisch, da sie relativ leicht durchzuführen sind und nur geringe Auswirkungen außerhalb des Entwicklungsprozesses aufweisen (vgl. Wildemann 1993a).

Änderungsauslöser und -ursache

Bei der Abwicklung von Änderungen in der Praxis läßt sich beobachten, daß wenig Aufwand betrieben wird, um Änderungsursachen genau zu spezifizieren. Dies äußert sich in wenig aussagekräftigen Problembeschreibungen wie „Montageprobleme" oder „Qualitätsmängel", was zum einen einer effektiven und effizienten Bearbeitung von Änderungen und zum anderen der Ermittlung des Verbesserungspotentials von Änderungen wenig dienlich ist.

Reichwald / Conrat (1994) weisen daher im Hinblick auf eine systematische Analyse der Schwachstellen von technischen Änderungsprozessen und deren Behebung auf die Notwendigkeit einer differenzierten Betrachtung hin. Sie schlagen hierzu die Unterscheidung in Änderungsauslöser und -ursache vor (vgl. im folgenden Reichwald / Conrat 1994, S. 232).

Vergleicht man die Notwendigkeit zu einer Änderung mit einer Krankheit, so läßt sich der Änderungsauslöser als Symptom charakterisieren. Der Änderungsauslöser ist damit dasjenige Ereignis, das das Vorliegen einer Änderungsursache nach außen hin sichtbar macht, also die Ist-/Soll-Abweichung, die den Änderungsprozeß in Gang setzt. Als Beispiele für Änderungsauslöser lassen sich anführen:

- Fertigungs- und Montageprobleme

- Kostenüberschreitungen

- Kundenreklamationen

- unbefriedigende Prozeßeffizienz

Führt man den Vergleich mit einer Krankheit fort, so entspricht die Änderungsursache der Krankheitsursache. Die Änderungsursache stellt damit den kausal für das Auftreten der Änderung verantwortlichen Faktor dar.

Vermeidbare vs. unvermeidbare Änderung

Ziel jeglicher Änderungsanalyse ist die Beurteilung des Vermeidungspotentials von Änderungen. Da durch Änderungsauslöser lediglich das Vorhandensein einer Änderungsursache sichtbar gemacht wird, kann eine Aussage über die Vermeidbarkeit von Änderungen nur aus der Änderungsursache abgeleitet werden. Dabei kann grundsätzlich davon ausgegangen werden, daß Änderungsursachen, die nicht im Einflußbereich des Unternehmens liegen, auch nicht vermieden werden können (vgl. Reichwald / Conrat 1994, S. 232). Eine Unterscheidung in unternehmensinterne und -externe Änderungsursachen ist damit zweckmäßig (vgl. hierzu auch die Beispiele in Tabelle 2.1).

Ursachen für technische Änderungen	
unternehmensintern	unternehmensextern
betriebliches Vorschlagswesen	neue Werkstoffe
Fehler in technischen Dokumenten (Stückliste, Konstruktionszeichnung etc.)	Gesetze, Verordnungen, Normen und Richtlinien
Realisierung von Rationalisierungspotentialen (in Logistik, Fertigung, Montage etc.)	neue Technologien
Funktionsverbesserungen	geänderte Zulieferteile
Sicherheitsmängel	veränderte Kundenwünsche
Qualitätsmängel	Wettbewerbssituation

Tabelle 2.1: Beispiele für unternehmensinterne und -externe Ursachen technischer Änderungen

Die Identifikation von vermeidbaren und unvermeidbaren Änderungen dient im wesentlichen zwei Aspekten der Prozeßverbesserung:

(1) Inwieweit ist das Unternehmen in der Lage, schnell auf unvermeidbare Änderungen zu reagieren?

(2) Mit welchen Maßnahmen können vermeidbare Änderungen eingedämmt bzw. unterbunden werden?

9

2.1.2.2 Die Beziehung zwischen Änderungs- und Produktentwicklungsprozeß

Im Rahmen des Produktentwicklungsprozesses, der Teil der F&E-Aktivitäten eines Unternehmens ist, wird das Ziel verfolgt, Produktideen und Anforderungen des Marktes in technisch realisierbare und wirtschaftlich verwertbare Produkte umzusetzen (vgl. Schmelzer 1992, S. 12). Ein linearer Ablauf dieses Prozesses, d. h. ein einmaliger Durchlauf aller Prozeßschritte, wird als Idealziel angestrebt, das in der Praxis allerdings nicht erreicht wird. Die Regel sind Iterationen - Clark und Fujimoto (1991, S. 116) sprechen von Konstruieren, Herstellen und Testen-Zyklen - von bereits abgeschlossenen Prozeßschritten, die sich umso negativer auswirken, je weiter der Prozeß bereits fortgeschritten ist (vgl. z. B. Wildemann 1993b). Als aktuelles Beispiel läßt sich an dieser Stelle die Mercedes A-Klasse anführen, deren Entwicklung bereits abgeschlossen war und deren Auslieferung an die Kunden bereits begonnen hatte, als Fahrtests Stabilitätsprobleme dieses Fahrzeugs bei extremen Lenkmanövern offenlegten. Die Kosten, die die Beseitigung dieser Mängel verursacht, werden auf ca. 200 Mio. DM allein im Jahr 1998 geschätzt (vgl. Linden 1997, S. 14).

Technische Änderungen sind Modifikationen von Teilen des Produkts und / oder deren technischen Unterlagen nach erfolgter Freigabe und stellen damit Sonderfälle o. a. Iterationen dar. Der Entwicklungsprozeß kann demnach als der relevante Rahmenprozeß für technische Änderungen betrachtet werden (vgl. Conrat 1997, S. 55), was zur Folge hat, daß Eigenschaften des Entwicklungsprozesses Eigenschaften des Änderungsprozesses implizieren, was im folgenden näher erläutert werden soll.

Zwei Bestandteile: Produkt- und Prozeßentwicklung

Zur Erreichung des oben genannten Ziels der Produktentwicklung sind zwei Teilprozesse zu durchlaufen, die Entwicklung des Produkts an sich und die Entwicklung der zur Serienherstellung dieses Produkts nötigen Prozesse wie Fertigung und Montage (vgl. z. B. Clark / Fujimoto 1991). Zwischen diesen beiden Teilen der Produktentwicklung bestehen vielfältige Verknüpfungen. Beispielhaft sei hier die Auswirkung der Produktmerkmale auf die Wahl des Fertigungsverfahrens und die Montierbarkeit genannt.

Durch diese Abhängigkeiten ergibt sich für eine effektive und effiziente Durchführung der Produktentwicklung die Notwendigkeit, die beiden Teilprozesse durch geeignete Maßnahmen harmonisch aufeinander abzustimmen. Im Falle des obigen Beispiels könnte dies damit erreicht werden, daß dem Konstrukteur Daten über Fertigungs- und Montageverfahren zur Verfügung gestellt werden. Aufgrund der engen Beziehung zwischen Produktentwicklungs- und Änderungsprozeß besteht damit diese Notwendigkeit auch unmittelbar für den Änderungsprozeß.

Aufgaben im Entwicklungsprozeß

Die im Rahmen einer Produktentwicklung durchzuführenden Aufgaben lassen sich in drei Kategorien einteilen (vgl. Ehrlenspiel 1995, zitiert nach Conrat 1997, S. 61): Konzeptionsaufgaben, Entwurfsaufgaben und Detaillierungsaufgaben.

Kern der Konzeptionsaufgaben, die v. a. zu Beginn einer Produktentwicklung anfallen, ist die Erstellung eines grundlegenden Produktdesigns, wogegen Entwurfsaufgaben im wesentlichen Produktdimensionierungen beinhalten, die auf diesem Produktdesign basieren. Detaillierungsaufgaben sind vermehrt im fortgeschrittenen Stadium der Produktentwicklung durchzuführen und umfassen die detaillierte Ausgestaltung technischer Entwürfe.

Diese drei Typen von Aufgaben zeichnen sich durch unterschiedliche Charakterausprägungen in Bezug auf Komplexität, Neuigkeit, Variabilität und Strukturiertheit aus und stellen damit spezifische Anforderungen an Organisation, Personal und Sachmittel (vgl. Conrat 1997, S. 62ff.). Werden diese Anforderungen nicht vollständig erfüllt, so sind Prozeßineffizienzen unweigerlich die Folge.

Diese verschiedenen Typen von Aufgaben lassen sich auch in einem Änderungsprozeß - speziell in der Phase der Änderungsdurchführung - beobachten. Ein entscheidender Unterschied zum Entwicklungsprozeß besteht allerdings darin, daß vor der eigentlichen Durchführung der Änderung eine weitgehende Problemerfassung und Aufbereitung in Form eines Änderungsantrags sowie eine Beurteilung der Änderungsdurchführung durch alle Betroffenen erfolgt. Diese Prozeßphase wird auch als Änderungsvorlauf bezeichnet und ist spezifisch für den Änderungsprozeß.

Insgesamt läßt sich allerdings aus obigen Erläuterungen schlußfolgern, daß zwischen dem Entwicklungs- und dem Änderungsprozeß eine enge Beziehung besteht. Damit wirken sich Ineffizienzen, die in der Produktentwicklung auftreten, auch negativ auf technische Änderungsprozesse aus.

2.1.2.3 Organisation technischer Änderungen

Ausgehend von einer grundlegenden Definition des Organisationsbegriffs sollen im folgenden Lösungen für das Organisationsproblem bei technischen Änderungen vorgestellt werden: das klassische Änderungswesen und das Projektmanagement.

Der Begriff der Organisation

Jeder Mensch unterliegt Kapazitätsbeschränkungen in körperlicher, geistiger und finanzieller Hinsicht. Auf jede Arbeitsphase muß eine Erholungsphase folgen, finanzielle Mittel stehen nicht uneingeschränkt zur Verfügung, die geistige Verarbeitungsleistung ist begrenzt. Komplexe Aufgaben kann ein einzelner Mensch daher nicht alleine bewältigen. Um derartige Aufgaben dennoch erfüllen zu können, wird eine Aufgabe in bearbeitbare Teilaufgaben zerlegt und einzelnen Menschen, die über die erforderlichen Kenntnisse, Fertigkeiten und Fähigkeiten verfügen, zur Erfüllung übergeben - die Prinzipien der Arbeitsteilung und Spezialisierung.

Diese Vorgehensweise beinhaltet allerdings drei Probleme (vgl. im folgenden Picot 1993, S. 103f.):

(1) Ein sachliches, zeitliches und personelles Abstimmungsproblem,

(2) die Tendenz der Individuen zur individuellen Nutzenmaximierung und

(3) das Problem des Opportunismus.

Damit die Gesamtaufgabe zielgerecht erfüllt wird, ist dafür Sorge zu tragen, daß geeignete Sachmittel zur richtigen Zeit von den richtigen Menschen eingesetzt werden. Diese Koordinationsaufgabe wird dadurch erschwert, daß Individuen dazu neigen, eigene Ziele zu verfolgen, die nicht mit den Unternehmenszielen konform, schlimmstenfalls sogar konfliktär zu diesen sind. Erschwerend kommt hinzu, daß Eigeninteressen auf Kosten Dritter verfolgt werden, falls keine Mechanismen vorgesehen sind, die dem Einhalt gebieten.

Oben skizzierte Problemstellung wird als Organisationsproblem verstanden, dessen jeweilige Lösung als Organisation bezeichnet wird. Organisation kann damit als Gesamtheit aller Regelungen verstanden werden, die auf Aufgabenteilung und Koordination abzielen und die Zielerreichung der Unternehmung sicherstellen.

Um das Organisationsproblem in seiner Komplexität zu reduzieren, ist in der deutschsprachigen Betriebswirtschaftslehre eine Unterscheidung in Aufbau- und Ablauforganisation üblich (Frese 1995, S. 11). Die Aufbauorganisation beinhaltet alle Fragen der Zerlegung komplexer Entscheidungsaufgaben, der Zuordnung von Aufgabenkomplexen zu Organisationseinheiten sowie die Ausstattung dieser Organisationseinheiten mit Weisungs- und Entscheidungskompetenzen (vgl. Frese 1995, S. 11). Unter der Ablauforganisation versteht man dagegen „die Kombination einzelner Arbeitsschritte zu komplexen Prozessen sowie die prozeßinterne und -übergreifende Harmonisierung in zeitlicher und räumlicher Hinsicht" (vgl. Frese 1995, S. 12). Von dieser Unterscheidung wird auch in dieser Arbeit Gebrauch gemacht.

Für die Abwicklung von Änderungen sind zwei Organisationsformen von besonderer Bedeutung, die im folgenden vorgestellt werden.

Das Änderungswesen

Die lange Zeit vorherrschende und auch heute noch weit verbreitete Organisationsform technischer Änderungen ist das sog. „technische Änderungswesen". Darunter wird „die Summe aller ablauforganisatorischen Maßnahmen und die dazugehörigen Organisationsmittel zur Änderung von materiellen Gegenständen sowie deren Dokumentation" verstanden (vgl. Pflicht 1989).

Die einzelnen Arbeitsschritte eines technischen Änderungsprozesses sind dabei durch Normen und unternehmensspezifische Regelungen vorgegeben. Der Änderungsantrag als zentrales Dokument des Änderungswesens sorgt dabei für die Verknüpfung der einzelnen Arbeitsschritte. Nach vollständiger Bearbeitung eines Prozeßschritts erfolgt ein entsprechender Eintrag auf dem umlaufenden Änderungsantragsformular sowie dessen Weiterleitung an die nächste Bearbeitungsstelle, wodurch der nachfolgende Arbeitsschritt angestoßen wird. Dies hat natürlich eine sequentielle Abwicklung der Änderung zur Folge, so daß sich Störungen in einzelnen Arbeitsschritten in vollem Umfang auf die gesamte Änderungsbearbeitung auswirken.

Aus aufbauorganisatorischer Sicht sieht das klassische Änderungswesen eine zentrale Stelle vor, deren Aufgabe es ist, über die Durchführung von technischen Änderungen zu entscheiden und die Änderungsdurchführung zu koordinieren (vgl. Dörr 1977). Die Leitung dieser Stelle obliegt meist der Leitung der Konstruktion oder der Arbeitsvorbereitung. Daß eine derartige Organisationseinheit heute in fast allen Unternehmen anzutreffen ist, hängt mit der gestiegenen Bedeutung der ISO-Normen 9000ff. zusammen, die eine derartige Stelle vorsehen.

Das Projektmanagement

Der Begriff des Projekts wird in der Literatur auf unterschiedlichste Weise definiert. Übereinstimmung besteht jedoch darüber, daß ein Projekt eine einmalige, relativ neuartige komplexe Aufgabe darstellt, die zeitlich befristet ist und sich durch definierten Beginn und Abschluß sowie interdisziplinären Charakter auszeichnet (vgl. z. B. Rinza 1994, S. 3). Da für die Durchführung derartiger Aufgaben traditionelle Stab-/Linien-Organisationen ungeeignet sind (vgl. Madauss 1994, S. 9), wurde ein Methodenkonzept zur effektiven und effizienten Abwicklung von Projekten entwickelt: das Projektmanagement.

Versteht man technische Änderungen als Querschnittsfunktionen eines Unternehmens, so wie in obigem Abschnitt dargestellt, so lassen sich diese als Projekte gemäß obiger Definition begreifen. Besonders ihr interdisziplinärer Charakter stellt dabei Anforderungen an die Organisation, die die o. a. Form des Änderungswesens nur unzureichend erfüllen kann. Damit bietet sich eine Anwendung der Methoden des Projektmanagements für die Abwicklung von Änderungen an.

Der Ablauf eines Projekts läßt sich grob in die Abschnitte der Planung und Planungskontrolle sowie der Durchführung und Durchführungskontrolle einteilen. Im Rahmen der Planung wird die Abwicklung des gesamten Projekt geistig vorweggenommen und in diversen Teilplänen (Beispiele siehe Tabelle 2.2) fixiert. Dazu zählen z. B. die Ziel- und Meilensteindefinition wie auch die Wahl eines geeigneten Projektleiters und die Zusammenstellung eines geeigneten Projektteams. Die Planungskontrolle soll dabei sicherstellen, daß Projekt-Essentialia durch die Planung auch berücksichtigt werden.

1. Ziel-, Phasen und Meilensteindefinition	6. Integrierter Testplan
2. Organisationsplan	7. Qualitätssicherungsplan
3. Arbeitsplan	8. Inbetriebnahme
4. Finanzierungs- und Beschaffungsplan	9. Dokumentation
5. Entwicklungsplan	

Tabelle 2.2: Beispiele für Teilpläne eines Projekts (vgl. Madauss 1994, S. 127)

In der Projektdurchführung erfolgt die konkrete Umsetzung der Teilpläne, die von einer ständigen Kontrolle hinsichtlich Einhaltung und Zielerreichung begleitet wird. Eventuelle Abweichungen können dadurch aufgedeckt und entsprechende Korrekturmaßnahmen eingeleitet werden.

Gerade die Eigenschaft der vollständigen Durchplanung und der permanenten Kontrolle machen im Hinblick auf eine effektive und effiziente Projektabwicklung die Stärken des Projektmanagements aus. Der Projektgedanke hat zwar bereits Einzug in viele Unternehmen gefunden, jedoch sind die Methoden des Projektmanagements bisher wenig verbreitet, so daß die Abwicklung von Projekten mit vielerlei Defiziten behaftet ist, wie auch an dem im folgenden vorgestellten Modell einer technischen Änderung zu sehen sein wird.

Besonderes Augenmerk in Zusammenhang mit technischen Änderungen gilt der Projektmanagement-Teildisziplin des Konfigurationsmanagements. Sie stellt eine Methode zur aktuellen und präzisen Dokumentation dar, die sicherstellen soll, daß ein „entwickeltes oder gebautes Produkts in seiner Konfiguration mit dem tatsächlich gewünschten übereinstimmt" (vgl. Madauss 1994, S. 328f.). Damit bietet sie die Möglichkeit, Ordnung in der Vielfalt von Systemzuständen infolge technischer Änderungen zu schaffen (vgl. Saynisch 1984, S. 2). Der Gedanke des Konfigurationsmanagements als

14

ein möglicher Ansatz zur Verbesserung der Abwicklung technischer Änderungen wird in Kapitel 4 nochmals aufgegriffen.

2.1.2.4 Änderungskosten

Das heutige Verständnis von Änderungskosten umfaßt im wesentlichen Kosten für Nacharbeit, Umbau und Verschrottung von Produkten oder Teilen davon sowie Kosten für die Änderung, Neuanfertigung oder Verschrottung von Betriebsmitteln (vgl. Pflicht 1989) und beschränkt sich damit auf die Bereiche Konstruktion, Fertigung und Montage. Da Änderungen aber einen interdisziplinären Charakter aufweisen und damit fast alle Bereiche eines Unternehmens berühren (vgl. Hayes / Clark 1987, S. 97f.), muß obige Sichtweise der Änderungskosten zwangsläufig als unvollständig bezeichnet werden. Einen möglichen Ansatz zu einer erweiterten Auffassung von Änderungskosten stellt Conrat (1997) in seiner Arbeit vor, dessen Grundzüge im folgenden kurz erläutert werden sollen.

Wie oben bereits angesprochen, wird die tayloristische Sicht der Leistungserstellung in Unternehmen mehr und mehr von einem prozeßorientierten Denken abgelöst. Überträgt man diese Sichtweise auf technische Änderungen, so tritt in Zusammenhang mit den Kosten einer Änderung das Problem in den Vordergrund, daß traditionelle Kostenrechnungssysteme besonders die Kostenwirkungen in den indirekten Bereichen gar nicht oder nur undifferenziert als Gemeinkosten erfassen (vgl. Wildemann 1995, S. 179). Für eine genaue Aufgliederung der Änderungskosten, die Ansatzpunkte für Maßnahmen zur Kosteneinsparung liefert, wird daher die Anwendung neuer Verfahren der Kostenrechnung, wie z. B. der Prozeßkostenrechnung notwendig.

Wendet man diese auf den Prozeß der technischen Änderungen an, so werden vielfältige Kostenwirkungen technischer Änderungen erkennbar, für die Conrat folgende Systematisierung vorschlägt:

- unmittelbare Prozeßkosten des Änderungsvorlaufs

- Folgekosten des Änderungsvorlaufs

- unmittelbare Prozeßkosten der Änderungsdurchführung

- Folgekosten der Änderungsdurchführung

- Fallübergreifende Änderungsfolgekosten

Unmittelbare Prozeßkosten des Änderungsvorlaufs

Unter dieser Rubrik werden alle Wertverzehre zusammengefaßt, die in direktem Bezug zu Beantragung und Begutachtung einer Änderungsmaßnahme stehen. Mögliche Kostenaspekte sind hierbei:

- Kosten der Vorüberlegungen durch den Antragsteller

- Kosten der technischen Ausgestaltung des Änderungsantrags

- Kosten von notwendigen Prototypen und Versuchsreihen

- Kosten der Prüfung und Genehmigung durch das Management

Folgekosten des Änderungsvorlaufs

Diese Kostengattung bezeichnet alle Kosten, die auf die Einleitung und Abwicklung eines Änderungsvorlaufprozesses zurückzuführen sind, aber diesen nicht unmittelbar zugeordnet werden können. Hierzu zählen:

- Kosten der Unterbrechung von Produktionsprozessen wie z. B. Zusatzkosten in der Fertigungssteuerung, Kosten blockierter Maschinen und Lagerkosten im Sperrlager

- Folgekosten von Zeitverlusten im Änderungsvorlauf wie z. B. verzögerte Kosteneinsparungen des Änderungsvorschlags

Unmittelbare Prozeßkosten der Änderungsdurchführung

Hierunter werden alle Kosten subsumiert, die in direktem Bezug zur Umsetzung einer Änderungsmaßnahme stehen. Diese Rubrik beinhaltet diejenigen Kosten, die in der Praxis allgemein als Änderungskosten identifiziert werden. Das sind:

- Kosten der Änderung der Primärdokumente

- Kosten der Information aller Betroffenen

- Kosten der Änderung bzw. Neuerstellung von Betriebsmitteln

- Kosten der Steuerung und Überwachung der Änderungsdurchführung

Folgekosten der Änderungsdurchführung

Hierunter fallen alle Kosteneffekte, die durch die Änderungsdurchführung ausgelöst werden, aber nicht direkt mit dieser verknüpft sind. Beispielhaft können hier angeführt werden:

- Kosten notwendiger Wiederholungen von Versuchen, Prüfungen etc.

- Kosten von Folgeänderungen

- Sperrlagerkosten während der Änderungsdurchführung

- Verschrottungskosten

Fallübergreifende Änderungsfolgekosten

Während oben genannte Kostenkategorien den Charakter von Einzelkosten aufweisen, d. h., daß sie direkt einem Änderungsobjekt zurechenbar sind, so haben Kosten dieser Kategorie Gemeinkostencharakter, d. h. sie sind nur der Gesamtheit der technischen Änderungen zurechenbar. Sie werden von Conrat als problematisch eingestuft, da der mit ihnen verbundene Ressourcenverzehr nicht unmittelbar erkennbar oder quantifizierbar ist und zudem langfristig wirkt und schwer rückgängig gemacht werden kann. In diese Rubrik fallen:

- Kosten durch Imageverlust am Markt

- Kosten durch generelle Beeinträchtigung der Unternehmensprozesse

- Kosten durch Demotivation der F&E-Mitarbeiter

Anhand der oben vorgestellten Systematik von Änderungskosten wird eine umfassende Sicht auf die Kosteneffekte technischer Änderungen möglich. Damit ist eine solide Ausgangsbasis für jegliche Bemühungen zur Kostensenkung gegeben.

2.1.3 Geschäftsprozeßmerkmale der technischen Änderung

Welche der o. a. Merkmale einer technischen Änderung klassifizieren diese nun als Geschäftsprozeß? Zum einen stellt das Auftreten einer Ist-/Soll-Abweichung im Falle einer technischen Änderung den in obiger Definition des Geschäftsprozesses angeführten definierten Beginn dar. Der daraufhin ablaufende Vorgang ist dadurch gekennzeichnet, daß ausgehend von einem Produkt und dessen technischen Unterlagen wie Konstruktionszeichnung, Stückliste, Teilestamm etc. (gemäß obiger Definition der Input des Geschäftsprozesses) an diesen Modifikationen durchgeführt werden, die in einer erneuerten Fassung des Produkts und dessen Unterlagen resultieren (entspricht dem Output des Geschäftsprozesses). Der Ablauf des Prozesses ist dabei einerseits durch Normen, andererseits durch unternehmensspezifische Verfahrensanweisungen und Regelungen festgelegt. Wird das Ziel der Änderung - die Realisierung einer Änderungslösung, die allen Anforderungen hinsichtlich Funktion, Abmessungen, Qualität und Sicherheit genügt - erreicht, so ist damit auch der technische Änderungsprozeß abgeschlossen.

Kennzeichnend für einen Geschäftsprozeß ist außerdem, daß er in einen Kontext mit vor- und nachgelagerten Prozessen eingebunden ist und von diesen isoliert betrachtet werden kann. Im Falle der technischen Änderung sind dies der Entwicklungsprozeß sowie Fertigungs- und Montageprozeß. Im Rahmen der Entwicklung entsteht ein Produkt, dessen Existenz Voraussetzung für jegliche Änderungen ist. Werden Modifikationen dieses Produkts notwendig, so werden diese im Rahmen eines technischen Änderungsprozesses durchgeführt. Nach dessen Abschluß steht ein Produkt zur Verfügung, das zum Zwecke der wirtschaftlichen Verwertung in Serie produziert wird, also die Prozesse Fertigung und Montage durchläuft.

Weiteres Merkmal eines technischen Änderungsprozesses, das diesen als Geschäftsprozeß qualifiziert, ist, daß an dessen Durchführung Mitarbeiter verschiedener Abteilungen, wie z. B. Konstruktion, Fertigung, Versuch, Einkauf, Vertrieb etc., sowie unternehmensexterne Bezugsgruppen wie z. B. Lieferanten, Kooperationspartner beteiligt sind. Im Rahmen der Änderung vollführt jeder Akteur eine Einzelaktivität, wobei die Verknüpfung der Aktivitäten dadurch besteht, daß das Ergebnis einer Aktivität den Input für eine andere Aktivität darstellt (die Konstruktionszeichnung eines Konstrukteurs ist z. B. die Vorlage für den Produzenten des Prototypen). Diese Kette von Teilprozessen, welche entweder sequentiell (wie im Falle des letztgenannten Beispiels) oder parallel ablaufen können, ist ein weiteres Kennzeichen eines Geschäftsprozesses.

Gemäß obigen Ausführungen ist es damit legitim, den Prozeß der technischen Änderung als Geschäftsprozeß aufzufassen. Analog zur Methodik des Business Process Reengineering sollen nun im weiteren der Ist-Zustand des Geschäftsprozesses „Technische Änderung" sowie dessen Defizite anhand eines Modells aufgezeigt werden.

2.2 Modellprämissen

Technische Änderungsprozesse sind, wie bereits erwähnt, komplexe Vorgänge, deren Ablauf stark von situativen Determinanten des Unternehmesumfeldes abhängt. Um ein möglichst allgemeingültiges Bild eines Änderungsprozesses zeichnen zu können, ist es daher nötig, gewisse Annahmen zu treffen, die von der Situationsbezogenheit der Abläufe abstrahieren. Für das nachfolgend vorgestellte Modell wurden deshalb Rahmenbedingungen gewählt, die auch in der Unternehmenspraxis vermehrt zu beobachten sind.

2.2.1 Organisatorischer Rahmen

Bei der Wahl des organisatorischen Rahmens sind zwei Aspekte zu betrachten:

1.) Form der Unternehmensorganisation

2.) Organisationsform der technischen Änderung und deren Eingliederung in die Unternehmensorganisation

Unternehmensorganisation

Im Rahmen einer empirischen Untersuchung zum Änderungswesen in der Branche „Elektromechanische Kleingeräte" stellte Conrat (1997, S. 105) weitgehend funktionale Unternehmensstrukturen fest. Die Gliederung des Unternehmens beruhte dabei in der Regel auf der traditionellen Einteilung in Funktionsbereiche wie Konstruktion, Arbeitsvorbereitung, Fertigung, Vertrieb etc. Aufgrund dieses Ergebnisses wird daher für das Modell des Änderungsprozesses diese Form der Unternehmensorganisation angenommen.

Organisation der technischen Änderung

Als Organisationsform für technische Änderungen bieten sich im wesentlichen drei Organisationstypen an (vgl. im folgenden Wildemann 1993a, S. 39f.):

- Linienorganisation

- reine Projektorganisation

- Matrix-Projektorganisation

Die Linienorganisation entspricht der Organisation technischer Änderungen gemäß dem oben skizzierten klassischen Änderungswesen. Sie ist durch ihre funktionale Ausrichtung gekennzeichnet; eine organisatorische Integration der an der Änderung beteiligten Akteure findet dabei nicht statt. Der dadurch begünstigte sequentielle Ablauf der technischen Änderung kann bei mangelhafter Abstimmung der einzelnen Akteure dazu führen, daß bereits abgeschlossene Teilschritte erneut durchlaufen werden müssen, was u. U. erhebliche negative Zeit- und Kosteneffekte nach sich zieht.

Um diese Probleme zu umgehen, wird teilweise die reine Projektorganisation eingesetzt. Dabei sind die einzelnen Mitarbeiter nur noch dem Projekt zugeordnet und von ihrer Tätigkeit in der Linie entbunden. Problematisch hierbei ist allerdings die Auslastung der Mitarbeiter sowie die Gefahr des Verlusts von fachspezifischem Know-how.

Mit Hilfe der Matrix-Projektorganisation sollen die Vorteile von Linien- und Projektorganisation vereinigt werden. Problematisch ist dabei aber, daß Mitarbeiter des Projekts ihrer angestammten Abteilung zugewiesen bleiben, so daß eine Kompetenzüberschnei-

19

dung zwischen Projektleiter und Linienvorgesetztem auftritt. Diese führt zu Effizienzverlusten dieser Organisationsform.

Aufgrund einer Untersuchung von Wildemann (1993a, S. 40f.) bei 12 Unternehmen, die ergeben hat, daß in ca. 70 % dieser Unternehmen für F&E-Vorhaben eine Matrix-Projektorganisation eingesetzt wird, wird daher für den Modellprozeß diese Form der Organisation für technische Änderungen gewählt.

2.2.2 Standortbezug

Bei der Frage nach der räumlichen Verteilung der gewählten Organisationsstruktur wird zunächst angenommen, daß sich alle Akteure an einem einzigen Standort befinden. Durch die Wahl dieser Prämisse wird es möglich, Probleme zu isolieren, die sich auf die Abwicklung der Änderungen an sich beziehen. Im nachfolgenden Kapitel wird diese Prämisse dann aufgehoben und durch die Annahme räumlicher Dezentralisierung der Akteure ersetzt.

2.2.3 Beteiligte Akteure und ihre Funktionen

Im Modellprozeß sind folgende Akteure bzw. Stellen an einer technischen Änderung beteiligt:

Akteur / Stelle	*Funktion*
Zentrale Änderungsstelle	Sie stellt die zentrale Stelle für die Abwicklung der Änderung dar - insbesondere die Verwaltung der Produktunterlagen - und wird vom Leiter der Konstruktion mitbetreut.
Projektteam	Dem Projektteam obliegt die vollständige Planung und Durchführung der technischen Änderung.
• Projektleiter	Der Projektleiter zeichnet für das Änderungsprojekt verantwortlich. Er trifft damit alle Entscheidungen, die die Änderung betreffen und koordiniert alle Abläufe. In diesem Modell ist der Projektleiter gleichzeitig der Leiter der Konstruktion.
• Konstrukteur	Die konstruktive Um- oder Neugestaltung eines Bauteils / einer Baugruppe / eines Produkts sowie die erforderliche Anpassung der Produktunterlagen ist das Aufgabengebiet dieses Mitarbeiters.

• Mitarbeiter der Arbeitsvorbereitung	Diesem Teammitglied obliegt die Planung des zeitlichen Ablaufs der Änderung in Fertigung und Montage sowie die Erstellung der Arbeitspläne.
• Mitarbeiter der Fertigung	Seine Aufgabe besteht darin, fertigungsbezogenes Spezialwissen in die Änderungsplanung und -durchführung miteinzubringen sowie an der Fertigung der Änderungslösung mitzuwirken.
• Mitarbeiter der Montage	Dieser Mitarbeiter ist für alle die Montage betreffenden Fragen des Änderungsprojekts zuständig.
• Mitarbeiter der Qualitätssicherung	Die Aufgabe der Qualitätssicherung besteht darin, durch den Einsatz geeigneter Prüfverfahren die Einhaltung von internen / externen Qualitätsvorschriften sicherzustellen. Im Rahmen der technischen Änderung obliegt diese Aufgabe diesem Teammitglied.
• Versuchsingenieur	Der Versuchsingenieur ist für die Auswahl geeigneter Prüfverfahren sowie die Überprüfung der Änderungslösung auf die Einhaltung der Vorgaben verantwortlich.
• Mitarbeiter des Vertriebs	Dieses Teammitglied ist für die Kommunikation mit dem Kunden zuständig, insbesondere für jegliche Information bezüglich der Änderung sowie das Einholen von Genehmigungen..
• Mitarbeiter des Einkaufs	Die Aufgabe dieses Mitarbeiters ist das Einholen und Verhandeln von Angeboten externer Lieferanten.
Marketing	Wesentliches Betätigungsfeld des Marketing im Rahmen einer technischen Änderung ist die Erstellung eingehender Marktanalysen, die einerseits Impulse für eine technische Änderung liefern und andererseits deren Absetzbarkeit überprüfen sollen.
Controlling	Bei kostspieligen Änderungen kann das Controlling hinzugezogen werden, um eine genauere Kostenkalkulation zu erstellen. Diese bildet dann die Basis für die Entscheidung über die Änderungsdurchführung.

Externer Prototypenlieferant	Um eine frühzeitige Überprüfung der Produktmerkmale zu gewährleisten, werden im Rahmen technischer Änderungen Prototypen eingesetzt. Diese werden bei einem externen Lieferanten bestellt.
Externer Werkzeuglieferant	Die zur Herstellung der Änderungslösung notwendigen Werkzeuge werden bei einem externen Werkzeuglieferanten in Auftrag gegeben.
Externes Konstruktionsbüro	Bei größeren Änderungskonstruktionen kann es sein, daß diese aus Zeitmangel nicht mehr unternehmensintern durchgeführt werden kann. In diesen Fällen wird dann ein externes Konstruktionsbüro mit der Erstellung der Konstruktion beauftragt.
Kunde	Die Rolle des Kunden in diesem Modell beinhaltet, daß eine Änderung auf dessen Veranlassung hin geschehen kann oder dieser unmittelbar von der Änderung betroffen ist.

Tabelle 2.3: Am Änderungsprozeß beteiligte Akteure und ihre Funktionen

2.3 Der Ablauf des Modell-Änderungsprozesses

Das im folgenden vorgestellte Modell basiert auf Erkenntnissen aus der Industrie, die im Rahmen der Forschungsaktivitäten des Lehrstuhls von Prof. Reichwald gewonnen werden konnten. Für detailliertere Erläuterungen sei an dieser Stelle auf die Publikation Lindemann / Reichwald (1998) verwiesen.

2.3.1 Grobablauf

Zunächst werden anhand einer graphischen Darstellung essentielle Einzelphasen des Änderungsprozesses in Form eines Grobablaufes dargestellt, um einen Überblick über den Änderungsprozeß zu vermitteln. Im weiteren präzisiert werden dann die einzelnen Prozeßschritte detaillierter erläutert.

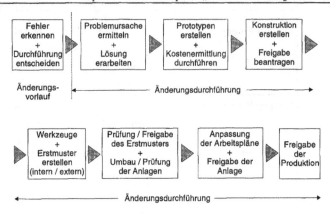

Abbildung 2.2: Grobablauf des Modell-Änderungsprozesses

2.3.2 Detaillierung der einzelnen Prozeßschritte

Im folgenden werden die einzelnen Phasen des oben aufgeführten Ablaufmodells näher beschrieben.

2.3.2.1 Erkennen eines Problems

Primärer Auslöser für einen Änderungsprozeß ist das Auftreten einer Ist-/Soll-Abweichung und deren Erkennung durch einen der beteiligten Akteure (s. o.). Hinsichtlich der Phase, in der das Problem auftritt und erkannt wird, lassen sich zwei Fälle unterscheiden:

- im Rahmen des Entwicklungsprozesses (Freigabe technischer Dokumente bereits erfolgt)

- nach Anlauf der Serienproduktion

Im ersten Fall ist das Entwicklungsprojekt noch nicht abgeschlossen und das Projektteam nebst seinem Projektleiter hat noch Bestand. Erster Ansprechpartner für eine Entscheidung über das weitere Vorgehen ist damit der Projektleiter.

In letzterem Fall ist das Entwicklungsprojekt bereits abgeschlossen, das Team aufgelöst und die Verantwortung für die weitere Betreuung des Produkts einem Serienbetreuer übergeben worden. Dieser ist damit auch für die Entgegennahme einer Fehleranzeige zuständig.

Wird das Problem bei einem der externen Beteiligten sichtbar, so werden diese zunächst ihre unmittelbaren Verhandlungspartner beim Hersteller kontaktieren. Im Falle des Kunden ist dies der Vertrieb, im Falle des Werkzeug- und Prototyplieferanten der Ein-

23

kauf. Diese wiederum setzen dann den Projektleiter / Serienbetreuer von der Ist-/Soll-Abweichung in Kenntnis.

Die Anzeige eines Problems erfolgt über die sog. Änderungsmeldung. Sie ist eine formlose Mitteilung der beobachteten Ist-/Soll-Abweichung. Je nach Einschätzung des Mitarbeiters über das Ausmaß des Problems erfolgt die Änderungsmeldung entweder telefonisch (für den Fall, daß eine verbale Problembeschreibung ausreichend erscheint) oder per Fax (falls die Übermittlung von Zeichnungen, wie z. B. Problemskizzen, als nötig erachtet wird).

2.3.2.2 Entscheidung über Änderungsdurchführung

Liegt aus Sicht des Projektleiters / Serienbetreuers nicht genügend Information hinsichtlich des Problems vor, so wird durch Rückfragen versucht, diese Information zu beschaffen. Gründe für Rückfragen können z. B. sein, daß aus Problembeschreibung und -skizzen das Problem nicht eindeutig erkennbar ist oder daß die Umstände, unter denen der Fehler aufgetreten war, nicht hinreichend genau angegeben wurden.

Daraufhin werden alle betroffenen Bereiche über die bevorstehende Änderung mittels der Änderungsmitteilung informiert und um deren Urteil hinsichtlich der Durchführung der Änderung gebeten. Bei einer Änderung, die die Funktionalität eines Produkts erweitert, wird der Projektleiter auch Information über die derzeitige Marktlage von der Marketingabteilung einholen, um abschätzen zu können, ob die geplante Änderung überhaupt absetzbar ist.

Aufgrund der so vorliegenden Information zum Problem fällt der Projektleiter / Serienbetreuer eine Entscheidung über die Durchführung der Änderung. Wird der Aufwand zur Durchführung der Änderung als gering eingeschätzt (z. B. bei der einfachen Korrektur einer Zeichnung, Stückliste etc. oder einer geringfügigen Produktmodifikation wie dem Ändern von Maßen), so wird ein einzelner Mitarbeiter mit der Abwicklung der Änderung betraut. Sind dagegen umfangreichere Veränderungen notwendig, wie z. B. aufwendigere Anpassungskonstruktionen, so wird die Abwicklung der Änderung einem Projektteam übergeben. Das kann, wie oben bereits angesprochen, ein bereits bestehendes Entwicklungsteam sein oder aber ein Projektteam, das erst zusammengestellt werden muß, je nach Zeitpunkt des Auftretens des Problems.

Nach der Klärung der personellen Fragen zur Änderungsdurchführung ist der nächste Teilschritt im Prozeß das Ermitteln der Ursache des Problems.

2.3.2.3 Ermitteln der Problemursache

Sinn und Zweck dieses Teilschrittes ist es, die Zusammenhänge zu ermitteln, die die Ist-/Soll-Abweichung des Produkts verursacht haben, und damit eine Ausgangsbasis für die spätere Lösungssuche zu schaffen. Je nachdem, ob die Änderung vom ganzen Team oder nur einer Einzelperson bearbeitet wird, erfolgt die Problemerörterung im Rahmen einer Teamsitzung oder durch Rücksprache des Bearbeiters der Änderung mit demjenigen, der die Abweichung der Ist-/Soll-Beschaffenheit des Produktes festgestellt hat.

Die Zeit, die von der Änderungsmeldung bis zur ersten Problemerörterung vergeht, hängt von mehreren Faktoren ab. Zum einen ist dabei entscheidend, wie der Projektleiter / Serienbetreuer die Dringlichkeit der Änderung einschätzt. Wenig umfangreiche Änderungen wie das bloße Korrigieren von Zeichnungen oder Stücklisten werden gegenüber umfangreicheren Änderungen wie Umkonstruktionen geringer priorisiert und dadurch in der Bearbeitungsreihenfolge zurückgestellt. Als Kriterien für die Einschätzung der Dringlichkeit stehen dabei nur die bisher eingeholten Informationen sowie evtl. Erkenntnisse aus bereits abgeschlossenen, ähnlichen Änderungsvorgängen zur Verfügung. Je nach Auslastungssituation kann es vorkommen, daß vom Umfang her vergleichbare Änderungen unterschiedlich wichtig genommen werden. Durch Fehleinschätzungen der Dringlichkeit durch den Projektleiter / Serienbetreuer kann es auch vorkommen, daß wichtige Änderungen aufgeschoben und unwichtigere diesen im Ablauf vorgezogen werden.

Ein anderer wesentlicher Aspekt für die Zeitdauer zwischen dem Auftreten des Problems und der Ursachenermittlung ist die Verfügbarkeit der Teammitglieder bzw. Ansprechpartner. Da die einzelnen Beteiligten nicht exklusiv einem Änderungsprojekt zugeordnet sind, kann es zu einem ungünstigen zeitlichen Zusammentreffen von Handlungsnotwendigkeiten kommen, die einen Aufschub der Ursachenermittlung nach sich ziehen.

Insgesamt ist die Phase der Ursachenermittlung dadurch gekennzeichnet, daß die Neigung besteht, diesen Teilschritt der Änderung möglichst schnell abzuschließen. Ursache für dieses Verhalten ist, wie bereits angesprochen, daß Änderungen als Störungen des normalen Arbeitsablaufs betrachtet werden, deren Auftreten von allen Beteiligten als unangenehm empfunden wird, und die daher möglichst schnell abgearbeitet werden sollten. Sobald daher eine plausibel scheinende Erklärung für das Problem gefunden ist, wird unmittelbar damit begonnen, Lösungen für die Beseitigung des Problems zu suchen.

2.3.2.4 Suche und Auswahl von Lösungen

Die Phase der Lösungssuche und -auswahl schließt sich nahtlos an den Prozeßschritt „Ursachenermittlung" an. Sie dient der Erarbeitung und Auswahl von Konzepten für die weitere Vorgehensweise zur Behebung des Problems.

Diese Phase kann je nach Umfang der zu bearbeitenden Änderung unterschiedlich sein. Bei einer unproblematischen Änderung wie der Änderung eines technischen Dokuments oder einer geringfügigen Produktveränderung wie z. B. der Veränderung eines Maßes wird der Bearbeiter der Änderung in der Regel sofort eine Lösung parat haben oder innerhalb kürzester Zeit finden, die eventuell durch das Einholen der Meinung eines Kollegen oder durch Absprache mit dem Projektleiter abgesichert wird.

Ist die zu bearbeitende Änderung von größerem Umfang, so werden Lösungssuche und -auswahl im Rahmen einer Teamsitzung durchgeführt. Lösungskonzepte werden durch die Kommunikation im Team erarbeitet, wobei auch Kreativitätstechniken wie Brainstorming oder -writing zum Einsatz kommen können.

Unabhängig vom Umfang der zu bearbeitenden Änderung wird die Phase der Lösungssuche und -auswahl - in Analogie zur Phase der Problemermittlung - beendet, sobald eine schlüssige und realisierbare Lösung gefunden zu sein scheint.

2.3.2.5 Erstellen einer Lösungsskizze

Für die Fälle, in denen eine Produktmodifikation notwendig ist, wird ein Konstrukteur die Lösung, auf die man sich verständigt hat, in eine skizzenhafte Konstruktionszeichnung umsetzen. Diese dient als Grundlage für den weiteren Ablauf der Änderung und wird daher an die an der Änderung beteiligten Bereiche wie z. B. Einkauf, Arbeitsvorbereitung, Qualitätssicherung weitergeleitet.

2.3.2.6 Ermittlung der Grobkosten

In diesem Teilschritt wird eine grobe Abschätzung der zu erwartenden Kosten der Änderung durchgeführt, die im wesentlichen die Kosten für die Werkzeugbeschaffung (sofern erforderlich), Nacharbeit und Ausschuß sowie Preisveränderungen bei Zulieferteilen beinhaltet. Zur Ermittlung der Kosten für die Werkzeugbeschaffung werden bei möglichen Lieferanten Auskünfte über die zu erwartenden Kosten eruiert, während die Kosten für Nacharbeit und Ausschuß auf Schätzungen der Arbeitsvorbereitung bzw. Lagerverwaltung beruhen.

Die so ermittelten Grobkosten dienen dem Projektleiter als Grundlage für die Entscheidung, ob die angestrebte Änderungslösung zu vertretbaren Kosten realisierbar ist. Falls die Grobkostenermittlung eine unzumutbare Kostenbelastung ergibt, so muß die ausgewählte Änderungslösung modifiziert werden oder evtl. sogar ein vollkommen neuer Lösungsweg beschritten werden, d. h. es erfolgt ein Wiedereintritt in die Phase der Lösungssuche/-auswahl (Punkt 2.3.2.4).

2.3.2.7 Erstellung des vorläufigen Änderungsdokuments und Genehmigung

Auf Basis der Ergebnisse der Prozeßschritte 2.3.2.5 und 2.3.2.6 erfolgt als nächster Schritt die Erstellung des vorläufigen Änderungsdokuments. Hierin sind im wesentlichen die bis jetzt gewonnenen Erkenntnisse bezüglich der Änderung sowie die Kostenschätzung zusammengefaßt. Ist von der Änderung ein Kunde betroffen oder wird die Änderung sogar auf Veranlassung des Kunden hin durchgeführt, so dient dieses Dokument der Information des Kunden über die bevorstehende Änderung und muß von diesem genehmigt werden.

Ist der Kunde mit der projektierten Änderungslösung nicht einverstanden, so muß diese überarbeitet werden. Hierzu kann evtl. bereits eine Überarbeitung der Grobkostenkalkulation ausreichen, im Extremfall aber kann ein erneuter Durchlauf aller Phasen ab der Lösungssuche erforderlich werden.

2.3.2.8 Herstellung und Erprobung eines Prototypen

Der Prototyp ist ein Muster des geänderten Produkts, anhand dessen bereits lange vor der Serienproduktion Untersuchungen durchgeführt werden können, die Aufschluß darüber geben, ob die angestrebte Änderungslösung alle vorgegebenen Anforderungen (Funktion, Maße, Qualität, Sicherheit) erfüllt.

Bei der Erstellung eines Prototypen sind zwei Fälle zu unterscheiden:

- Der Prototyp wird durch mechanische Umformung eines bereits vorhandenen Produkts gewonnen. Beispiele hierfür sind Veränderungen der Außenmaße durch Fräsen, Drehen, Schweißen etc.

- Die Herstellung des Prototypen wird durch eine Änderung der zur Produktion eingesetzten Werkzeuge erreicht (z. B. neue Gußform für Kunstoffspritzgußteile).

Bei freien Kapazitäten können Prototypen der ersten Kategorie vom Hersteller selbst erzeugt werden. Der Projektleiter stellt zu diesem Zweck einen Auftrag aus, woraufhin im Versuch die nötigen Modifikationen vorgenommen werden. Sind keine freien Kapazitäten vorhanden, so wird die Herstellung eines Prototypen an einen Fremdhersteller vergeben. Der Projektleiter stellt hierzu eine Warenanforderung aus und leitet diese an den Einkauf weiter, der mögliche Produzenten und deren Preise ermittelt sowie deren Liefertermine prüft. Auf Basis dieser Daten wird dann ein Produzent ausgewählt und diesem ein Fertigungsauftrag erteilt.

Für die Erstellung des Prototypen im zweiten Fall kommt nur ein Fremdbezug in Frage, da die benötigten Werkzeuge nicht im Unternehmen verfügbar sind. Auf eine Warenanforderung des Projektleiters hin wird wiederum der Einkauf tätig. Von verschiedenen

Werkzeuglieferanten werden Angebote über die Herstellung des benötigten Prototypen eingeholt und deren Liefertermine überprüft und schließlich ein Auftrag zur Herstellung erteilt.

Um keine unnötige Verzögerung des Änderungsprozesses zu verursachen, werden die Kosten für die Werkzeugbeschaffung und Prototypherstellung zunächst vom Unternehmen selbst getragen, unabhängig davon, ob evtl. der Kunde die Änderung verursacht oder sogar veranlaßt hat und daher für diese Kosten aufkommen muß.

Vom Versuch wird der nun vorliegende Prototyp zwei verschiedenen Prüfungen unterzogen: Einer Funktionsprüfung, im Rahmen derer festgestellt werden soll, ob der Prototyp alle geforderten Funktionsanforderungen erfüllt, und einem Dauertest, der die Belastbarkeit des Prototypen überprüft.

Erfüllt der Prototyp nicht alle Anforderungen hinsichtlich Funktion, Abmessungen, Sicherheit und Qualität, so müssen alle Prozeßschritte ab der Lösungssuche und -auswahl wiederholt werden.

2.3.2.9 Durchführung der Kostenermittlung und Überprüfung

Zeitlich parallel zur Herstellung und Erprobung des Prototypen erfolgt die Kostenermittlung (KE). Sie umfaßt mehrere Arbeitsschritte, im Rahmen derer eine genaue Prognose über die zu erwartenden Kosten der Änderung erstellt wird. Die an der Kostenermittlung beteiligten Bereiche sind:

- Einkauf

- Arbeitsvorbereitung

Abschließend werden die ermittelten Kosten vom Projektleiter nochmals überprüft.

2.3.2.9.1 Kostenermittlung im Einkauf

Die Aufgabe des Einkaufs in diesem Prozeßschritt ist das Einholen eines konkreten Angebots über die zu beschaffenden Werkzeuge. Zu diesem Zweck tritt der Einkauf mit potentiellen Lieferanten in konkrete Angebotsverhandlungen und überprüft mögliche Liefertermine. Kommt es im Rahmen der Verhandlungen zu einem konkreten Angebot seitens des Lieferanten, so werden die Kosten für die Werkzeugbeschaffung mit dem Angebotspreis gleichgesetzt und in das KE-Formular eingetragen. Das ausgefüllte Formular wird anschließend an die Arbeitsvorbereitung zur weiteren Bearbeitung weitergeleitet.

2.3.2.9.2 Kostenermittlung in der Arbeitsvorbereitung

Die Arbeitsvorbereitung prüft zunächst, ob für die Montage des geänderten Produkts eine Modifikation der Montageanlage notwendig ist. Falls ja, wird eine Liste von benötigten Montagewerkzeugen und ein Terminplan für den Umbau erstellt. Des weiteren wird geprüft, ob für den Durchlauf der Änderung durch die Montage die Austaktung der Montageanlage geändert werden muß. Falls ja, wird die Veränderung der Arbeitskosten geschätzt. Abschließend wird von der Arbeitsvorbereitung auf der Basis der oben ermittelten Daten die Veränderung der Materialkosten berechnet und alle Ergebnisse in das KE-Formular eingetragen und an den Projektleiter zurückgesandt.

2.3.2.9.3 Prüfung durch Projektleiter

Nach Abschluß der KE werden die ermittelten Kosten noch einmal überprüft. Stuft der Projektleiter die Kostenbelastung durch die Änderung als zu hoch ein, wird in der Regel eine Überarbeitung der ermittelten Kosten gefordert, was bedeutet, daß der KE-Prozeß von neuem begonnen werden muß. Ergibt die Kostenermittlung allerdings, daß die Änderung nur zu unverhältnismäßig hohen Kosten durchgeführt werden kann, so kann die Konzeption einer neuen Änderungslösung notwendig werden, d. h. der Änderungsprozeß wird mit der Phase „Lösungssuche und -auswahl" fortgesetzt.

Ist der Projektleiter mit den ermittelten Kosten für die Änderung einverstanden, leitet er das KE-Formular an den Vertrieb weiter.

2.3.2.10 Erstellen des Änderungsdokuments und Genehmigung durch Kunden

Auf Basis der Kostenermittlung erstellt der Vertrieb das Änderungsdokument. Ist ein Kunde von der Änderung betroffen oder wurde die Änderung vom Kunden veranlaßt, so erstellt der Vertrieb ein konkretes Angebot für den Kunden. Falls der Kunde das Angebot nicht annimmt, müssen im Extremfall alle bis dahin durchgeführten Arbeitsschritte nochmals durchlaufen werden. In der Regel wird es allerdings nur notwendig sein, das Preisangebot zu überarbeiten und durch erneute Verhandlung mit Lieferanten und knappere Kalkulation einen günstigeren Angebotspreis zu erzielen.

2.3.2.11 Erstellen der Zeichnung, Änderung der Stücklisten und Einplanung der Änderung

Da bis jetzt nur eine skizzenhafte Konstruktionszeichnung der Änderungslösung vorliegt, wird es notwendig, eine vollständige Konstruktionszeichnung anzufertigen. Hierzu wird geprüft, ob in der Konstruktion Kapazitäten frei sind. Ist dies der Fall, führt ein Konstrukteur die Erstellung der Zeichnung aus, andernfalls muß ein externes Konstruktionsbüro mit der Durchführung beauftragt werden. Geeignete externe Partner sind entweder aus früheren Kooperationen bekannt oder die Konstruktionsleitung eruiert mögliche Partner gemäß deren Spezialisierung und den Erfordernissen der Änderung. Ist ein Konstruktionsbüro gefunden, übernimmt der Projektleiter die weitere Koordination. Zusammen mit den betreffenden Mitarbeitern des Kooperationspartners wird die angestrebte Lösung diskutiert sowie die weitere Terminplanung vorgenommen. Wurde bezüglich der Konstruktion und der Termine eine Einigung erzielt, so erteilt der Projektleiter einen Konstruktionsauftrag an das externe Konstruktionsbüro.

Handelt es sich bei dem geänderten Produkt um ein einzelnes Bauteil oder eine ganze Baugruppe, so werden als nächstes die Stücklisten aller Baugruppen und Produkte, die das geänderte Objekt enthalten, entsprechend modifiziert. In dieser Phase erfolgt auch die endgültige Einplanung der Änderung.

2.3.2.12 Beantragung / Genehmigung der Konstruktionsfreigabe

Nach Fertigstellen der Konstruktionszeichnung der geplanten Änderung wird die Konstruktionsfreigabe beantragt. Der Projektleiter überprüft zu diesem Zweck noch einmal anhand der Konstruktionszeichnung eingehend, ob die Änderungslösung die geforderten Merkmale zur Behebung des Problems aufweist. Ist dies der Fall, so gibt der Projektleiter die Konstruktion mittels der Konstruktionsfreigabe frei; andernfalls muß die Konstruktion entsprechend modifiziert werden.

Die Konstruktionsfreigabe bewirkt, daß die geänderte Fassung des Produkts die aktuell gültige Version dieses Produktes darstellt und alle älteren Versionen an Gültigkeit verlieren. Des weiteren initiiert die Konstruktionsfreigabe alle Aktivitäten zur Serienherstellung der Änderungslösung.

2.3.2.13 Planung des Umbaus der Montageanlage

Ist zur Montage der Änderungslösung eine Modifikation der Montageanlage notwendig, so wird anhand der Liefertermine der Lieferanten (falls die benötigten Montagewerkzeuge fremdbezogen werden müssen), der geschätzten Umbaudauer, der Dringlichkeit der Änderung und der Verfügbarkeit der Anlage ein Termin für den Umbau der Montageanlage geplant.

2.3.2.14 Änderung des Werkzeugs, Schaffung von Vorlauf und Erstellung eines Erstmusters

In diesem Teilschritt wird entweder die Änderung der Produktionswerkzeuge im Hause durchgeführt oder die benötigten Werkzeuge werden beim Lieferanten bestellt. Bei

Fremdbezug der Werkzeuge wird auch gleich ein sog. Erstmuster – ein mit Serienwerkzeugen erstelltes Exemplar der Änderungslösung – in Auftrag gegeben.

Da während des Umbaus der Montageanlage nicht montiert werden kann, muß ein zeitlicher Vorlauf geschaffen werden.

2.3.2.15 Prüfung und Freigabe des Erstmusters

Anhand des Erstmusters wird überprüft, ob die Änderungslösung alle Anforderungen hinsichtlich Funktion, Abmessungen, Qualität und Sicherheit aufweist und damit das Serienwerkzeug der Vorgabe entspricht.

2.3.2.16 Umbau der Montageanlage und Funktionsprüfung

Sind die bestellten Werkzeuge und Montagemodule eingetroffen bzw. ist die hausinterne Änderung der Montagewerkzeuge abgeschlossen, kann die Montageanlage umgebaut werden. Der Umbau erfolgt im Idealfall gemäß dem im Prozeßschritt „Planung des Umbaus der Montageanlage" aufgestellten Terminplan. Abweichungen hiervon können allerdings ohne weiteres auftreten.

Nach erfolgtem Umbau der Montageanlage wird diese durch die Montage einer Testserie auf ihre Funktionsfähigkeit hin überprüft. Im Mittelpunkt der Überprüfung stehen naturgemäß neu eingesetzte Werkzeuge sowie hinzugekommene Montagemodule.

Stellt sich im Rahmen der Funktionsprüfung heraus, daß der Montageprozeß nicht optimal verläuft, so müssen Maßnahmen getroffen werden, um die Defizite abzustellen. Je nach Ausmaß der Montageprobleme werden dazu entweder die Werkzeuge nochmals modifiziert (falls dies im Hause möglich ist), der Werkzeuglieferant mit einer Änderung der gelieferten Werkzeuge beauftragt (bei Fremdbezug der Werkzeuge) oder im Extremfall die Änderungslösung nochmals überarbeitet. Für den Prozeßablauf bedeutet dies, daß in jedem Fall bereits abgeschlossene Teilschritte wiederholt werden müssen.

2.3.2.17 Anpassung der Arbeitspläne, Freigabe der Anlage

Nach beanstandungsfreier Funktionsprüfung werden von der Arbeitsvorbereitung die Arbeitspläne angepaßt. Außerdem wird die modifizierte Montageanlage von der Qualitätssicherung hinsichtlich der Güte des Montageprozesses begutachtet. Erfüllt die Anlage alle Anforderungen, so wird sie freigegeben; andernfalls müssen wiederum Maßnahmen zur Beseitigung der Mängel ergriffen werden (vgl. 2.3.2.16).

2.3.2.18 Erstellung des Erstmuster-Prüfberichts, Begutachtung und Genehmigung durch Kunden

Nachdem die Bereiche Produktion und Montage für die Herstellung der Änderungslösung umgerüstet wurden, erfolgt die Erstellung eines Erstmusters im Werk selbst. Dieses durchläuft wiederum eine Überprüfung hinsichtlich Funktion, Abmessungen, Qualität und Sicherheit, deren Ergebnisse im sog. Erstmusterprüfbericht zusammengestellt werden, der dem Kunden zur Genehmigung vorgelegt wird.

Theoretisch ist es möglich, daß der Kunde die Genehmigung verweigert, so daß je nachdem eine Werkzeuganpassung oder evtl. sogar eine neue Änderungslösung erforderlich wird. Da aber der Kunde bereits mehrfach über die angedachte Änderungslösung informiert worden ist, ist die Verweigerung der Genehmigung eher unwahrscheinlich.

2.3.2.19 Freigabe der Produktion

Nach erfolgter Genehmigung durch den Kunden wird die Produktion der Änderungslösung freigegeben.

2.4 Defizite in der heutigen Änderungsabwicklung

Für die Nachbildung eines Geschäftsprozesses hat die SAP AG in Zusammenarbeit mit dem Institut für Wirtschaftsinformatik der Universität Saarbrücken das Konzept der ereignisgesteuerten Prozeßkette entwickelt, das eine Betrachtung des zu reorganisierenden Geschäftsprozeses auf den Ebenen der Organisation, der Information und Kommunikation, der Funktion und der Ereignisse beinhaltet (vgl. Keller / Meinhardt 1994). Defizite des betrachteten Geschäftsprozesses müssen demnach auf Defizite auf einer oder mehreren der Betrachtungsebenen zurückzuführen sein. Damit bietet sich obige Ebeneneinteilung als ein möglicher Systematisierungskatalog für die Probleme eines Geschäftsprozesses an.

Da ein Ziel des Konzepts der ereignisgesteuerten Prozeßkette die Identifikation von Anforderungskriterien an eine IuK-technische Unterstützung des Geschäftsprozesses ist, bietet obige Klassifizierung der Defizite damit zudem eine gute Ausgangsbasis für die Analyse der Potentiale moderner IuK-Technologien zur Prozeßverbesserung, die Gegenstand eines späteren Kapitels dieser Arbeit ist.

Welche Defizite die heutige Abwicklung von Änderungen auf o. a. Ebenen aufweist, ist Inhalt der folgenden Darstellung. Als Ausgangsbasis hierfür dienten wiederum Erkenntnisse aus der Kooperation mit der Industrie (vgl. Lindemann / Reichwald 1998).

2.4.1   Probleme der Organisation

Oben wurde bereits darauf hingewiesen, daß zum Zwecke der Komplexitätsreduktion organisatorischer Problemstellungen eine Unterteilung in Aufbau- und Ablauforganisation üblich ist. Für eine differenzierte Betrachtung organisatorischer Probleme in technischen Änderungsprozessen wird von dieser Aufteilung im folgenden Gebrauch gemacht.

2.4.1.1   Defizite in der Aufbauorganisation

Die Negativeffekte einer Matrix-Projektorganisation in Verbindung mit einer funktional ausgerichteten Unternehmensorganisation wurden oben bereits kurz angesprochen. Hinzu kommt, daß in dem vorliegenden Modell zwar der Integrationsgedanke durch die Teambildung umgesetzt wird, dadurch aber keineswegs eine Integration von Aufgaben im Sinne eines Simultaneous Engineering erfolgt. Die Teamarbeit beschränkt sich zudem auf die Teamsitzungen; darüber hinaus findet die Durchführung der Änderung weitgehend funktional isoliert statt.

2.4.1.2   Defizite in der Ablauforganisation

Gemäß der o. a. Definition der Ablauforganisation von Frese lassen sich Defizite in der Ablauforganisation eines technischen Änderungsprozesses folgenden Problemkategorien zuordnen:

- Disharmonischer Ablauf der Änderung

- Zeitliche Probleme im Ablauf der Änderung

- Probleme der Ablaufreihenfolge

Anhand des oben vorgestellten Modellprozesses werden folgende ablauforganisatorische Schwachstellen der Änderungsabwicklung sichtbar:

Serielle Bearbeitung von Änderungen

Die einzelnen Teilschritte einer Änderung werden im wesentlichen nacheinander durchlaufen. Die Möglichkeit zur Verkürzung der Durchlaufzeit, die eine Parallelisierung unabhängiger Prozeßschritte bieten würde, bleibt ungenutzt.

Unklare bis gar keine Prioritätenvergabe

Änderungen können zu unterschiedlichen Zeitpunkten notwendig werden und sind unterschiedlich wichtig. Um sicherzustellen, daß wichtige Änderungen vor unwichtigen durchgeführt werden, auch wenn diese später notwendig werden, ist eine Vergabe von Prioritäten erforderlich. Ohne diese ist ein geregelter Ablauf der Änderungen nicht möglich.

Kostenermittlung dauert zu lange

Mit den größten Anteil an der langen Durchlaufzeit technischer Änderungen hat der Teilprozeß der Kostenermittlung. Seine lange Dauer bestimmt sich aus zwei Faktoren:

(1) Die Kostenermittlung ist ein formularbasierter Prozeß. Da die Bearbeitung von Formularen generell als unangenehm empfunden wird, wird sie aufgeschoben.

(2) Die Prüfung der Kostenermittlung durch den Kunden dauert zu lange. Besonders extrem wirkt sich dieser Aspekt aus, wenn der Kunde die Kostenermittlung ablehnt und bereits abgelaufene Teilschritte des Änderungsprozesses erneut durchlaufen werden müssen.

Die Dauer der Kostenermittlung hat unmittelbare Wirkung auf den Änderungsprozeß, da von der Kostenermittlung abhängige Teilprozesse nicht vorher anlaufen können.

Probleme der Termineinhaltung

Daß Termine nicht eingehalten werden, hat drei Ursachen:

(1) Die Terminplanung ist, sofern es eine gibt, unrealistisch, so daß Terminvorgaben nicht ernst genommen werden.

(2) Es erfolgt keine Überprüfung, ob die festgesetzten Termine auch eingehalten werden. Außerdem mangelt es an einem Anreiz, vorgegebene Termine einzuhalten, da im Falle von Terminüberschreitungen keine Ahndung erfolgt.

(3) Durch unerwartete Kapazitätsengpässe (z. B. in Konstruktion, Prototypenerstellung, Versuch) entstehen Verzögerungen, die mangels einer Ablaufplanung nicht kompensiert werden können.

2.4.2 Probleme der Information und Kommunikation

Unter diesem Gliederungspunkt werden alle Schwachstellen des Prozesses subsumiert, die auf Fehler in der Kommunikation zwischen Akteuren sowie auf fehlerhafte oder unvollständige Information der Aufgabenträger zurückzuführen sind.

Unzureichende Beschreibung von Problemen

Eine Schlüsselrolle in der Durchführung einer technischen Änderung spielt der Transfer von problembezogenem Wissen eines Akteurs zu den jeweils anderen. Das kann zum einen ein nachfolgender Bearbeiter der Änderung sein, der zur Durchführung seiner Aufgabe bestimmte Information über das Problem benötigt, aber auch ein Akteur mit Entscheidungskompetenz, der aufgrund der Information eine Entscheidung fällt.

Im obigen Modellprozeß treten bei der Wissensübermittlung im wesentlichen folgende Probleme auf:

- **Die dargebotene Information ist zu knapp**
  Das kann z. B. bei der Änderungsmeldung der Fall sein, wenn in der Montage ein Problem auftritt und dem Projektleiter anstatt einer genauen Erläuterung der Umstände und der Konsequenzen lediglich „Montageprobleme" gemeldet werden.

- **Ungünstiges Format der Information**
  Soll z. B. ein komplexer technischer Sachverhalt übermittelt werden, so wird meistens ein langer Text verfaßt, obwohl eine klare Skizze den Sachverhalt kürzer und deutlicher zum Ausdruck bringen könnte.

- **Wahl eines ungeeigneten Kommunikationskanals**
  Wird für Abstimmungprozesse zwischen den einzelnen Akteuren ein Kommunikationskanal gewählt, der der zu bewältigenden Kommunikationsaufgabe nicht angemessen ist, so können Mißverständnisse zwischen den Kommunikationspartnern die Folge sein.

Die Folge der genannten Defizite ist, daß Rückfragen notwendig sind, die die Bearbeitung der Änderung verzögern.

Außer Acht lassen von Daten bei der Lösungssuche

Im Rahmen der Suche nach einem geeigneten Lösungskonzept für die Änderung werden oftmals wichtige Daten wie Lagerbestände, Bestellhäufigkeit, -menge, Lieferzeit, Informationen aus Fertigung und Montage bezüglich Herstellbarkeit und Montierbarkeit, Auswirkungen auf andere Bauteile/Baugruppen nicht oder nur kaum berücksichtigt. Die Folge hiervon ist, daß eine frühzeitige Erkennung von möglichen Problemen unterbleibt, deren Behebung während der Konzeptphase bei weitem leichter möglich wäre als in der späteren Realisierungsphase.

Unzureichender Informationsrückfluß zum zentralen Koordinator

Die Aufgabe des Projektleiters im Rahmen der Änderung ist u. a., die einzelnen Teilschritte des Änderungsprozesses zu koordinieren. Zu diesem Zweck ist der Projektleiter auf Statusinformationen über die einzelnen Teilschritte angewiesen. Liegt diese Information nicht vor, so hat der Projektleiter keine Kontrolle über die Einhaltung von Terminen und kann in Fällen unerwarteter Probleme nicht schnell regulierend eingreifen.

Wenig Transparenz der einzelnen Teilschritte des Änderungsprozesses

Die an der Änderung beteiligten Akteure wissen oft nicht, was die Aufgabe vor- bzw. nachgelagerter Bearbeiter ist. Teilschritte werden daher nicht so ausgeführt, daß nachfolgende Akteure sofort alle Informationen zur weiteren Bearbeitung der Änderung zur Verfügung haben. Es sind daher Rückfragen notwendig, die den Prozeßablauf verzögern.

Keine einheitliche Datenhaltung

Aufgrund heterogener Systemlandschaften kommt es vor, daß dieselben Daten mehrfach DV-technisch erfaßt werden. Dies führt zu unnötiger Mehrfacharbeit, zu Inkonsistenzen - zumindest temporär - in den Datenbeständen sowie zu evtl. Informationsverfälschungen, die sich natürlich negativ auf die Effizienz der Änderungsdurchführung auswirken.

2.4.3 Funktionale Probleme

Probleme auf funktionaler Ebene haben zum Inhalt, daß im Rahmen des Änderungsprozesses nötige Aufgaben entweder ganz fehlen oder zwar durchgeführt werden, aber dies in fehlerhafter und / oder unvollständiger Weise. Hierzu zählen:

Keine systematische Problemerfassung durch Ausarbeitung eines Änderungsantrags

Die Problemmeldung erfolgt in formfreier Weise. Dies bedeutet, daß nicht alle für eine Änderung relevanten Informationen gebündelt vorliegen, so daß zur Entscheidung über die Durchführung der Änderung Rückfragen notwendig sind. Dadurch entstehen unnötige Prozeßverzögerungen.

Fehlende Planung der Änderungsabwicklung

Unter Planung versteht man die „geistig abstrahierende Vorwegnahme und Auswahl zukünftiger Handlungen" (vgl. Heinen 1991). Durch die geistige Auseinandersetzung mit der Änderung wird man in die Lage versetzt, den Ablauf der Änderung nachzuvollziehen, ohne daß dabei reale Vorgänge stattfinden. So ist es mit Hilfe der Planung möglich, zukünftige, bislang noch nicht eingetretene Situationen zu bewältigen (vgl. Heinen 1991). Ohne eine Planung der Änderungsabwicklung vergibt man damit die Chance, bereits im Vorfeld der Änderungsdurchführung Probleme zu erkennen und zu vermeiden.

Keine systematische Ermittlung der Grundursache

Im Rahmen der Problemermittlung wird das Problem identifiziert, das mittels der Änderungslösung behoben werden muß. Geht man dabei zu oberflächlich vor, so kann es sein, daß man nur ein Folgeproblem identifiziert, die eigentliche Problemursache bleibt aber unentdeckt. Konsequenz hieraus ist, daß aufgrund der eigentlichen Änderungsursache eine oder mehrere weitere Änderungen notwendig werden, die bei exakter Vorgehensweise hätten vermieden werden können.

Kaum / keine Dokumentation von verworfenen Lösungsansätzen

Eine fehlende Dokumentation verworfener Lösungsansätze sowie Gründen für deren Ablehnung kann dazu führen, daß eine bereits verworfene Lösung erneut in Betracht gezogen wird. Dies ist besonders kritisch, wenn die Gründe für die Ablehnung erst in einer späten Phase der Änderung sichtbar werden.

Zeitaufwand für Lösungssuche und -auswahl zu gering

Lösungssuche und -auswahl sind dadurch geprägt, daß diese möglichst schnell abgeschlossen werden sollen. Die Konsequenz, die sich hieraus ergibt, ist, daß Lösungskonzepte nicht richtig durchdacht werden und mögliche bessere Lösungsansätze erst gar nicht in Betracht gezogen werden. Im ungünstigsten Fall kann es dazu kommen, daß der eingeschlagene Lösungsweg in der Realisierungsphase wieder verworfen und ein alternatives Lösungskonzept erarbeitet werden muß, das u. U. bei ausreichend langer Dauer der Lösungssuche bereits beim ersten Durchlauf gefunden worden wäre.

Kein prozeßbegleitendes Controlling

Aufgrund der fehlenden Planung der Änderungsabwicklung wird auch die Definition geeigneter Zielgrößen versäumt. Eine Überprüfung des Grades der Zielerreichung im Sinne eines prozeßbegleitenden Controlling ist damit nicht möglich, was zur Folge hat, daß nötige Korrekturen der Änderungsplanung nicht rechtzeitig entschieden und umgesetzt werden können.

Kein methodisches Vorgehen auch bei vermeintlich einfachen Problemen

Durch fehlende Methodik bei der Lösungssuche und -auswahl bei vermeintlich einfachen Problemen werden ad-hoc-Lösungen durchgeführt, die sich später u. U. aufgrund einer unterschätzten Tragweite des Problems als ungeeignet erweisen und daher verworfen oder zumindest modifiziert werden müssen. Damit ist ein erneuter Durchlauf der Phasen der Lösungssuche und -auswahl notwendig, der unnötige Verzögerung und Kosten verursacht.

Keine / kaum Dokumentation abgeschlossener Änderungsvorgänge

Durch das Unterlassen der Dokumentation abgewickelter Änderungen, v. a. im Hinblick auf Gründe für die Wahl einer bestimmten Änderungslösung sowie die bei der Realisierung der Lösung gemachten Erfahrungen, bleibt wertvolle Information für eine effektivere und effizientere Gestaltung des Änderungsprozesses ungenutzt.

Kostenerfassung zu knapp

Durch die Beschränkung bei der Kostenerfassung auf Kosten für Werkzeugänderung, Nacharbeit und Ausschuß sowie die Preisveränderung von Zulieferteilen werden wesentliche Aspekte der Kostenwirkung von Änderungen außer Acht gelassen. Im wesentlichen zu nennen sind hier Kosten in indirekten Bereichen, wie z. B. Personalkosten in Einkauf, Marketing und Vertrieb.

Urlaubs-/Krankheitsvertretungen nicht vollwertiger Ersatz

Bei Urlaubs- und Krankheitsvertretungen besteht das Problem, daß sie nicht über denselben Wissensstand wie der reguläre Mitarbeiter verfügen, sondern sich diesen erst erarbeiten müssen. Vertretungen werden daher Aufgaben nicht genauso bearbeiten, wie es der reguläre Mitarbeiter tun würde und wie es die übrigen Mitwirkenden eines Änderungsprojekts erwarten würden. Die Folge hiervon ist, daß sich einzelne Abläufe verlängern und damit der Änderungsprozeß verzögert wird. Gerade für zeitkritische Änderungen ist dies ein nicht zu unterschätzendes Problem.

2.4.4 Probleme auf der Ebene der Ereignisse

Ereignisse werden in diesem Zusammenhang als Auslöser von Arbeitsschritten betrachtet. Besonderes Problem im Rahmen des vorgestellten Modells einer technischen Änderung ist dabei das zu späte Erkennen des Eintretens von Ereignissen. Dies führt dazu, daß Prozeßschritte erst mit Verzögerung durchgeführt werden, woraus nachteilige Konsequenzen für die Durchlaufzeit resultieren.

In diesem Zusammenhang sind vor allem zwei Aspekte von Bedeutung. Zum einen ist zu bemerken, daß der Prozeß auf Formularen basiert (wie z. B. dem Änderungsdokument, dem KE-Formular etc.), die nachfolgende Arbeitsschritte initiieren. Bedingt durch die Zeit, die der Formulartransport (in der Regel mit der Hauspost) in Anspruch nimmt, wird der Eintritt des Ereignisses bei der nachfolgenden Bearbeitungsstufe erst verzögert wahrgenommen. Meist kommt erschwerend hinzu, daß der Eingang eines Formulars entweder bewußt oder unbewußt übersehen wird, was eine zusätzliche Verzögerung bedeutet.

Ein weiteres Problem stellt das späte Erkennen der Änderungsnotwendigkeit dar. Dies erfolgt - aufgrund des Fehlens von Mechanismen zu einer Früherkennung - meist erst zu Zeitpunkten, an denen eine Änderung bereits enorme Auswirkungen nach sich zieht.

3 Der Änderungsprozeß in standortverteilten Strukturen - die Erweiterung des Modells

Wie eingangs bereits beschrieben, unterliegen die Rahmenbedingungen für unternehmerische Tätigkeit einem tiefgreifenden Wandel. Ein Aspekt moderner Lösungsansätze zur Anpassung an diese veränderte Rahmensituation ist die Schaffung räumlich verteilter Unternehmensstrukturen. Welche Auswirkungen derartige Strukturen auf den Geschäftsprozeß „Technische Änderung" haben, soll in diesem Kapitel untersucht werden.

3.1 Der Standort im Kontext organisatorischer Lösungen

Die Frage des Standortes sowie einer geeigneten grundlegenden Organisationsstruktur, die die Basis für spätere Anpassungsvorgänge wie Organisationsentwicklung oder -gestaltung darstellt, werden in der klassischen Betriebswirtschaftslehre unter dem Oberbegriff der *konstitutiven Entscheidungen* diskutiert. Diese in der Gründerphase getroffenen Entscheidungen zeichnen sich dadurch aus, daß sie „einen als langfristig gültig gedachten Rahmen für nachfolgende Entscheidungen zur Leistungserstellung und -verwertung abstecken" (vgl. Kappler / Rehkugler 1991, S. 75).

Während Standortfrage und Organisationsproblem in der Vergangenheit separat betrachtet wurden, läßt sich in jüngster Zeit eine zunehmende Verknüpfung dieser beiden Problemfelder erkennen. Begriffe wie „standortverteilte Unternehmensorganisation" (vgl. Picot / Reichwald / Wigand 1996) oder „organisatorische Neugestaltung durch Auflösung der Ortsgebundenheit" (vgl. Goecke / Hesch 1997, S. 46) bringen dies zum Ausdruck. Kern der gemeinsamen Betrachtung von Standort und Organisation ist die Erarbeitung neuer Organisationsstrukturen, die die Effizienz eines Unternehmens vor allem vor dem Hintergrund zunehmender Marktdynamik steigern können.

Die Frage des Standortes erfährt in diesem Zusammenhang eine grundsätzliche Neubewertung. Während in der Vergangenheit Unternehmen mit festen geographischen Orten verknüpft waren, tritt nun vermehrt die Diskussion von Unternehmensstrukturen in den Vordergrund, die sich durch räumliche Dezentralisierung oder sogar vollkommene Loslösung von Standorten auszeichnen (vgl. z. B. Picot / Reichwald / Wigand 1996).

Von vorrangigem Interesse sind dabei die Nutzeneffekte und Gefahren dieser Konzepte für wirtschaftliche Problemlösungsprozesse (vgl. Picot 1985a).

Vor diesem Hintergrund sollen im folgenden zunächst die oben angesprochenen neuen Organisationskonzepte vorgestellt und daran anschließend die Rolle des Standorts in diesen Organisationskonzepten näher erläutert werden.

3.1.1 Moderne Organisationsstrategien

Funktionale Organisationen mit hierarchischer Struktur zeichnen sich durch Ressourceneffizienz, klare Verteilung von Weisungs- und Entscheidungskompetenzen und die Bildung von Spezialisierungswissen in den Fachbereichen aus. Damit waren sie in der Vergangenheit, die durch stabile Marktbedingungen, Streben nach schneller Realisierung von Skalenvorteilen und lokalem Wettbewerb mit einigen wenigen Anbietern geprägt war, die effizientesten Organisationsformen. Im Lichte des Wandels der Rahmenbedingungen hin zu globalem Wettbewerb, kürzeren Produktlebenszyklen und deutlich dynamischerer Marktentwicklung können diese Organisationsformen aber zwangsläufig nicht mehr optimale Effizienz aufweisen, so daß neue Konzepte notwendig werden.

Die von der Organisationstheorie entwickelten Gestaltungsempfehlungen basieren dabei auf der Annahme, daß es die optimale Organisationsstruktur nicht gibt und die Effizienz einer Organisationslösung von dem ihr zugrundeliegenden situativen Kontext abhängt (vgl. Picot et al. 1997). Bei der Empfehlung einer Organisationsstruktur muß außerdem darauf geachtet werden, daß die beiden Teilprobleme des Organisationsproblems – die Sach- und die Koordinationsaufgabe – gleichermaßen behandelt werden.

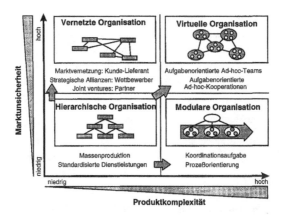

Abbildung 3.1: Organisatorische Gestaltungsempfehlungen (vgl. Reichwald et al. 1997, S. 41)

Für die Klassifikation verschiedener Situationen werden daher die Marktunsicherheit und die Produktkomplexität als Kriterien herangezogen, da diese zum einen das Aufgabenumfeld widerspiegeln und zum anderen eine Beurteilung hinsichtlich des Umfanges von Sach- und Koordinationsaufgabe zulassen. Mit Hilfe dieser beiden Merkmale lassen sich vier idealtypische Situationen und damit vier Organisationskonzepte unterscheiden (vgl. im folgenden ausführlich Reichwald et al. 1997, S. 41ff. sowie Abbildung 3.1), die nachfolgend kurz charakterisiert werden.

Hierarchie

Die klassische Organisationsform der Hierarchie, also ein hierarchisch strukturiertes Unternehmen, stellt (auch heute noch) die effizienteste Organisationslösung bei geringer Marktunsicherheit und geringer Produktkomplexität dar. Die Hierarchie war die vorherrschende Organisationsform in den 80er Jahren und kann heute immer noch in einer Vielzahl von Unternehmen beobachtet werden. Sie ist eng verbunden mit den Prinzipien und Empfehlungen Taylors (1913), die u. a. auf maximale Nutzung des Serieneffekts, Präferenz unternehmensinterner Lösungen und die maximale Durchplanung und Effektivierung betrieblicher Abläufe gerichtet sind (vgl. Reichwald et al. 1997, S. 39).

Modulare Organisation

Mit zunehmender Produktkomplexität steigt auch der Koordinationsaufwand. Hierarchische Strukturen mit ihren zwar klaren Weisungs- und Entscheidungskompetenzen aber auch langen Kommunikationswegen weisen hierbei erhebliche Defizite auf, die in hohen Koordinationskosten zum Ausdruck kommen.

Die Organisationstheorie empfiehlt daher für diese Rahmensituation eine modular aufgebaute Organisation. Modularisierung bedeutet in diesem Zusammenhang die Restrukturierung der Unternehmensorganisation auf der Basis integrierter, kundenorientierter Prozesse in relativ kleine, überschaubare Einheiten, die sog. Module (vgl. Picot / Reichwald / Wigand 1996, S. 201). Für diese sind dezentrale Entscheidungskompetenz und Ergebnisverantwortung charakteristisch, wobei die Koordination zwischen den einzelnen Modulen verstärkt nicht-hierarchisch erfolgt.

Mit der Bildung einer modularen Organisation sollen vor allem die Schwächen der Hierarchie bezüglich der umfangreichen Abstimmungsprozesse bei hoher Produktkomplexität behoben werden. Dies gelingt durch die Zusammenfassung aller an der Leistungserstellung beteiligten Akteure in einer organisatorischen Einheit, da auf diese Weise dem hohen Kommunikationsbedarf durch die Möglichkeit kurzer Kommunikationswege und damit schnell realisierbarer Kommunikation Rechnung getragen wird.

41

Strategische Kooperationen und Netzwerke

Ist eine geringe Produktkomplexität bei gleichzeitig hoher Planungsunsicherheit kennzeichnend für die Rahmensituation eines Unternehmens, so wird die Bildung strategischer Kooperationen und Netzwerke als Organisationslösung empfohlen. Sie zeichnet sich dadurch aus, daß Wertschöpfungsketten verschiedener Unternehmen miteinander verknüpft werden.

Mit ein wichtiger Entstehensgrund für Kooperationen ist die Möglichkeit zur Risikostreuung, die v. a. vor dem Hintergrund hoher Planungsunsicherheit an Bedeutung gewinnt. Aktuelles Beispiel für eine strategische Allianz ist der Zusammenschluß mehrerer Unternehmen der Flugzeugbranche zur Entwicklung des Passagierflugzeugs Airbus A3XX. Die Kosten für dieses Projekt werden auf ca. 8 Mrd. US$ geschätzt[2], eine Summe, die ein Unternehmen alleine kaum aufbringen könnte und die im Falle des Scheiterns das Ende der Existenz des Unternehmens bedeuten würde.

Virtuelle Organisation

Charakteristisch für diese Organisationsstrategie ist die Verknüpfung von einzelnen Aufgabenträgern, Modulen oder ganzen Organisationen zu einem dynamischen Organisationsnetzwerk, das auf die Erfüllung einer vorgegebenen Aufgabe hin ausgerichtet ist. Mit Erreichen dieses Ziels wird das Organisationsnetzwerk wieder aufgelöst.

Die damit verbundenen Möglichkeiten zur Risikoteilung und Bündelung von heterogen verteiltem Spezialwissen machen diese Organisationsform besonders bei einer durch hohe Produktkomplexität und Marktunsicherheit gekennzeichneten Rahmensituation zur effizientesten Organisationslösung.

3.1.2 Die Bedeutung des Standorts

Bei der Frage nach dem Standortbezug einer Unternehmensorganisation lassen sich drei Kategorien unterscheiden (vgl. Picot / Reichwald / Wigand 1996, S. 369):

- standortgebunden
- standortverteilt (statisch)
- standortunabhängig (mobil)

---

[2] vgl. http://www.airbus.com/a3xx.html

42

Standortbindung der Unternehmensorganisation

Traditionelle Organisationsformen zeichnen sich durch ihre Standortgebundenheit aus. Hintergrund hierfür ist die Tatsache, daß durch Arbeitsteilung und Spezialisierung besonders bei komplexen Aufgaben hoher Abstimmungsbedarf und damit die Notwendigkeit intensiver Kommunikation besteht. Die räumliche Nähe der Leistungsträger wirkt sich dabei förderlich auf deren Kommunikationsverhalten und damit die Aufgabenerfüllung aus.

Die menschliche Kommunikation ist Gegenstand zahlreicher Untersuchungen, was sich in einer Vielzahl unterschiedlicher Kommunikationsmodelle niederschlägt. Diesen gemein ist der Grundgedanke, daß Kommunikation nicht nur die Übermittlung von Sachinformation beinhaltet. Watzlawick / Beavin / Jackson (1990) formulieren dies im Rahmen ihrer fünf Axiome über Kommunikation so: „Jede Kommunikation hat einen Inhalts- und einen Beziehungsaspekt." Schulz von Thun (1993) geht sogar noch weiter, indem er von den vier Seiten einer Nachricht spricht: Dem Sachinhalt, dem Appell, der Beziehung und der Selbstoffenbarung.

Gerade für die Kommunikation im Führungsbereich eines Unternehmens ist es essentiell, daß der Beziehungsaspekt angemessen berücksichtigt wird. Picot (1985b) weist in diesem Zusammenhang darauf hin, daß Sachinformationen besser fließen können, wenn die Beziehung zwischen den Kommunikationspartnern geklärt ist. Als plakatives Beispiel läßt sich an dieser Stelle die Erteilung einer Weisung an einen Untergebenen anführen, die um so eher zum gewünschten Erfolg führt, je mehr zusätzliche Information zur eigentlichen Sachinformation übermittelt wird. Dies können z. B. Hinweise auf Dringlichkeit oder Sanktion bei Nichterfüllung sein, die aus Mimik, Gestik, Wortlaut oder Tonfall des Vorgesetzten abgeleitet werden können.

Damit diese „Metainformation" auch übermittelt werden kann, ist es notwendig auf Kommunikationskanäle zurückzugreifen, die dies auch unterstützen. Daft / Lengel (1984) definieren in diesem Zusammenhang den Begriff der Informationsreichhaltigkeit (Media richness) eines Kanals, die ein Maß dafür ist, inwieweit ein Kanal die Möglichkeit bietet, neben dem Inhaltsaspekt auch den Beziehungsaspekt zu übertragen. Das Optimum in Bezug auf Informationsreichhaltigkeit stellt dabei die ganzheitliche oder auch Face-to-face genannte Kommunikation dar. Demnach ist es erstrebenswert, für alle Aufgabenbereiche, die eine ausgiebige Kommunikation des Beziehungsaspektes erfordern, auf Face-to-face-Kommunikation zurückgreifen zu können.

Die Tatsache, daß überhaupt Kommunikation zwischen potentiellen Kommunikationspartnern stattfindet, hängt, so zeigt eine Untersuchung von Allen (1984), sehr stark von der räumlichen Entfernung der potentiellen Kommunikationspartner ab (vgl. hierzu auch Abbildung 3.2). Je größer die Entfernung ist, desto geringer ist die Wahrscheinlichkeit, daß Kommunikation, insbesondere Face-to-face-Kommunikation, stattfindet. Eine Entfernung von ca. 50 m stellt dabei bereits ein fast vollständiges Hindernis für die Kommunikation dar. Vor dem Hintergrund, daß 80 % realisierter Ideen aus Face-to-face-Kontakten hervorgehen (vgl. Luczak et al. 1995) bedeutet dies, daß die Gestaltung der Unternehmensstrukturen auf Förderung von Face-to-face-Kontakten ausgelegt werden muß, was u. a. in der Vergangenheit mangels geeigneter IuK-Technologien zu standortgebundenen Organisationen führte.

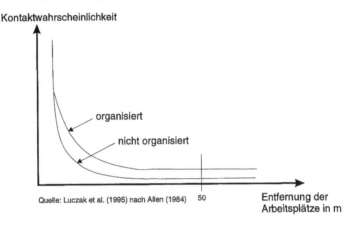

Abbildung 3.2: Die Abhängigkeit der Kontaktwahrscheinlichkeit vom Grad der räumlichen Entfernung

Von der Standortbindung zur Standortauflösung

Mit der zunehmenden Leistungsfähigkeit moderner IuK-Technologien wird es möglich, die ökonomischen Vorteile zu realisieren, die eine Auflösung der Standortgebundenheit mit sich bringt. Alle Fragestellungen, die sich im Zusammenhang mit der Schaffung standortverteilter und -unabhängiger Unternehmensstrukturen ergeben, werden unter dem großen Oberbegriff der Telekooperation diskutiert, unter der man die mediengestützte, arbeitsteilige Leistungserstellung zwischen standortverteilten Aufgabenträgern, Organisationseinheiten und Organisationen versteht (vgl. Reichwald et al. 1997, S. 65).

In welcher Beziehung stehen nun Telekooperation und oben aufgezeigte Organisationsstrategien? Die Organisationsformen der Modularisierung, der strategischen Netzwerke und der virtuellen Unternehmung zeichnen sich durch organisatorische Dezentralisierung aus (vgl. im folgenden Reichwald et al. 1997, S. 45). Sie bilden damit die Grundlage zur Realisierung von ökonomischen Vorteilen, die aus der Standortverteilung und -auflösung resultieren. Hierzu sind allerdings zusätzlich geeignete Mittel zur Überwindung der räumlichen Trennung nötig, die die Telekooperation zur Verfügung stellen kann.

3.2 Gründe für die standortverteilte Leistungserstellung

Oben wurde bereits in groben Zügen angedeutet, welche Motivation hinter der Errichtung telekooperativer Organisationsstrukturen steht. Im folgenden soll dies weiter präzisiert werden.

Bei der Frage nach den Triebkräften für die räumlich dezentrale Gestaltung von Unternehmensstrukturen können drei Kategorien unterschieden werden (in Anlehnung an Picot / Reichwald / Wigand 1996, S. 362ff.):

- Neue technische Möglichkeiten
- Verbesserung in den Dimensionen Zeit, Qualität, Kosten und Flexibilität
- Möglichkeit zur Anpassung an neue Wertvorstellungen in Gesellschaft und Arbeitswelt

3.2.1 Neue technische Möglichkeiten

Deutlich leistungsfähigere moderne Informations- und Kommunikationssysteme gelten allgemein als der „Enabler" telekooperativer Organisationsstrukturen (vgl. Zitate bei Picot / Reichwald / Wigand 1996, S. 362ff.). Wesentliches Merkmal dieser Systeme ist, daß Sie Kommunikationskanäle zur Verfügung stellen, deren Media Richness deutlich höher liegt und - im Falle der Videokonferenz - an die der Face-to-face-Kommunikation heranreicht.

3.2.2 Verbesserung in den Dimensionen Zeit, Qualität, Kosten und Flexibilität

Die bereits mehrfach angeführten neuen Rahmenbedingungen fordern für eine Erhaltung der Wettbewerbsfähigkeit eine zunehmende Realisierung von Rationalisierungspotentialen in den betriebswirtschaftlichen Dimensionen Zeit, Qualität, Kosten und Flexibilität. Eine Standortverteilung der Unternehmensorganisation kann hierzu vielfältige Unterstützung bieten, wie im folgenden zu sehen sein wird.

Verbesserungspotentiale in der Dimension Zeit

Vor dem Hintergrund immer kürzer werdender Markt- und Produktzyklen kommt dem Faktor Zeit eine neue Bedeutung zu (vgl. auch Kapitel 1). Kennzeichnend hierfür ist u. a. auch die zunehmende Wichtigkeit der Wahl des richtigen Markteintrittszeitpunktes, vor allem bei Innovationen (vgl. Simon 1989, S. 72).

Für die bessere Beherrschung des Faktors Zeit in den Unternehmensprozessen bietet die Standortverteilung mehrere Ansatzpunkte. Ein Aspekt ist, daß durch die räumliche Nähe zu Lieferanten und Kunden Lieferzeiten verkürzt werden können. Zudem können veränderte Kundenwünsche besser und v. a. schneller absorbiert werden und so rascher in neue Produkte oder Produktfunktionen umgesetzt werden.

Verbesserungspotentiale in der Dimension Kosten

Neben der Zeit wird die Kostenbeherrschung zu einem dominanten Faktor im Wettbewerb. Die Schaffung einer standortverteilten Unternehmensstruktur bietet eine Reihe von Möglichkeiten zur Kostensenkung. Beispielhaft seien hier genannt (vgl. z. B. Ferdows 1997, S. 82):

Überwindung von Marktzutrittsbarrieren

In einigen Ländern werden Produkte, die nicht im Land selbst produziert wurden, mit hohen Zöllen belegt, die eine starke, wenn nicht sogar unüberwindbare Marktzutrittsbarriere darstellen. Verlagert man die Produktion in die betreffenden Länder, entfällt der Zoll und das Produkt kann auf diesem Markt konkurrenzfähig angeboten werden.

Zuschüsse von Kommunen

Um die Unternehmensansiedelung zu forcieren, bieten strukturschwache Regionen oftmals finanzielle Anreize in Form von Zuschüssen. Durch entsprechende Plazierung von Organisationseinheiten in diesen Regionen können diese Finanzhilfen in Anspruch genommen und so die Kostenbelastung für das Unternehmen gesenkt werden.

Senkung von Lohn- und Lohnnebenkosten

Durch das Ausnutzen unterschiedlicher Lohnniveaus an unterschiedlichen Standorten kann bei entsprechender Standortwahl eine Kostensenkung in Form reduzierter Lohn- und Lohnnebenkosten erreicht werden. In der jüngsten Vergangenheit haben sich dies viele Unternehmen zunutze gemacht, indem sie Produktionsstätten in Länder des ehemaligen Ostblocks wie Polen, Tschechien, Slowakei etc. verlagert haben.

Senkung der Steuerbelastung

Unterschiede in der Besteuerungsstruktur an verschiedenen Standorten ermöglichen bei der geeigneten Wahl von Standorten eine Reduzierung der Steuerbelastung.

Verbesserungspotentiale in der Dimension Flexibilität

Flexibilität meint die Fähigkeit einer Organisation, sich schnell auf Änderungen der Rahmenbedingungen einstellen zu können. Diese zeichnen sich dadurch aus, daß sie vom Unternehmen selbst kaum bis gar nicht beeinflußt werden können, so daß sie als von außen vorgegeben betrachtet werden müssen. Dem Unternehmen bleibt daher nur die Möglichkeit zu einer Reaktion. Beispiele für derartige Änderungen sind Gesetzesnovellen, veränderte Kundenwünsche und Technologiesprünge.

Wie kann nun eine Standortverteilung der Unternehmensorganisation dazu beitragen, die Reaktionszeit auf diese Änderungen zu verkürzen? Generell läßt sich aussagen, daß die räumliche Nähe zu den Ursprungsorten dieser Änderungen die Aufnahme der Information über deren Existenz und Inhalt in die Organisation beschleunigt oder überhaupt erst möglich macht. Für das obige Beispiel der veränderten Kundenwünsche bedeutet dies, daß die geographische Nähe zum Kunden kurze Informationswege ermöglicht, ja sogar die Option eröffnet, den Kunden in die Unternehmensprozesse miteinzubeziehen und somit eine frühzeitige Umsetzung neuer Kundenanforderungen zu erreichen.

Analoges gilt für die o. a. Beispiele von Gesetzesänderungen, neuen Gesetzen sowie neuer Technologien. Diese entstehen nicht „über Nacht", sondern sind Produkte einer länger dauernden Entwicklung. Lokale Präsenz am Ort deren Entstehens bietet dabei die Möglichkeit, frühzeitig von diesen Entwicklungen Kenntnis zu erlangen und gibt dem Unternehmen die Zeit, sich auf diese Entwicklungen einzustellen.

Verbesserungspotentiale in der Dimension Qualität

Der Wandel der Rahmenbedingungen beinhaltet auch eine Verschiebung von Verkäufermärkten hin zu Käufermärkten. Damit wird die Qualität, verstanden als Grad der Erfüllung des Kundennutzens, zu einer wichtigen Größe im Wettbewerb.

Mit Hilfe der Standortverteilung lassen sich mehrere positive Einflüsse auf die Qualität erreichen. Zum einen können durch physikalische Nähe zu Absatzmärkten Marktbedürfnisse besser bestimmt werden und damit die Produkte besser an diese Bedürfnisse angepaßt werden. Des weiteren ermöglicht bzw. erleichtert die räumliche Nähe zu Forschungszentren und Wettbewerbern die Absorption neuen Wissens. Neue Erkenntnisse über Verfahren in den Bereichen Fertigung und Montage beispielsweise können zu einer Verbesserung bestehender Prozesse beitragen, die sich u. a. in gesteigerter Qualität der Produkte äußert.

3.2.3 Möglichkeit zur Anpassung an neue Wertvorstellungen in Gesellschaft und Arbeitswelt

Wesentliches Kennzeichen des Wertewandels in Gesellschaft und Arbeitswelt ist die geänderte Einstellung der Arbeitnehmer zu traditionellen Werten wie Pünktlichkeit, Fleiß, Treue, Gehorsam, die zunehmend durch Kommunikationsfähigkeit, Teamdenken, Offenheit, Selbstbestimmung, Mitbestimmung und Verantwortung abgelöst werden (vgl. Kämpf / Wilhelm 1994, S. 47). Zudem ist ein gestiegener Anspruch an die Arbeitsaufgabe sowie eine deutlich höhere Bewertung der Freizeit festzustellen.

Eine Ausrichtung der Unternehmensstrukturen auf diese geänderten Wertvorstellungen eröffnet dabei die Möglichkeit, die Arbeitszufriedenheit zu erhöhen und so die Produktivität der einzelnen Mitarbeiter zu steigern. Dies ist besonders in Zusammenhang mit den neuen Organisationsformen bedeutend, da in diesen der Produktionsfaktor Mitarbeiter die zentrale Rolle spielt (vgl. Kämpf / Wilhelm 1994, S. 48).

Die Frage nach der letztendlichen Ausgestaltung standortverteilter Arbeit unter Nutzung von Telemedien wird unter dem Begriff der Telearbeit behandelt (vgl. Reichwald et. al 1997, S. 79). Besonders hervorzuheben in Bezug auf die Anpassung an die veränderten Grundwerte der Arbeitnehmer ist dabei die Teleheimarbeit, unter der die Komplettverlagerung des Arbeitsplatzes in den häuslichen Bereich unter IuK-technischer Anbindung an das Unternehmen verstanden wird (vgl. Reichwald et al. 1997, S. 83). Sie ermöglicht dem Arbeitnehmer eine weitgehend freie Zeiteinteilung, erspart An- und Abfahrt zum Arbeitsplatz, bietet die Möglichkeit zur Selbstbestimmung, berücksichtigt in angemessenem Maße die Kommunikationsfähigkeit, stärkt die Eigenverantwortung, eröffnet und verbessert die Vereinbarkeit von Beruf, Familie und Freizeit (vgl. z. B. Gertz 1997, S. 21).

3.3 Im Modellprozeß betrachtete Formen standortverteilter Leistungserstellung

Die im folgenden vorgestellten Konstellationen standortverteilter Leistungserstellung bilden die Basis für die weitere Betrachtung standortverteilter Änderungsprozesse. Dabei werden zwei grundsätzliche Arten der Standortverteilung unterschieden:

- Teile der Leistungserstellung werden von externen Leistungsträgern erbracht, die sich an anderen Standorten als das betrachtete Unternehmen befinden. Diese Form der räumlichen Dislozierung der beteiligten Akteure wird im folgenden als *inter-organisatorische Standortverteilung* bezeichnet.

- Die an der Änderung mitwirkenden unternehmensinternen Organisationseinheiten befinden sich an unterschiedlichen Standorten. Im folgenden wird daher von der *intraorganisatorischen Standortverteilung* gesprochen.

3.3.1 Interorganisatorische Standortverteilung

Unternehmensexterne Leistungsträger können auf vielfältige Weise in die Prozesse der Produktentwicklung und der technischen Änderungen eingebunden werden. Luczak et al. (1995) schlagen eine Systematisierung möglicher Realisierungsformen vor, die auf einer Einteilung der Rahmensituation der Produktentwicklung hinsichtlich der Kriterien des Abstimmungs- und des Produktentwicklungsumfangs basiert und dabei die Formen des Teilelieferanten, des „Black Box"-Lieferanten und der Entwicklungskooperation (vgl. Abbildung 3.3) unterscheidet. Aufgrund der in Kapitel 2 dargelegten engen Beziehung des Produktentwicklungsprozesses zum Änderungsprozeß können diese Formen daher unmittelbar auf den Änderungsprozeß übertragen werden.

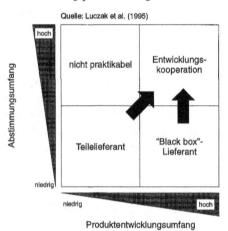

Abbildung 3.3: Arten überbetrieblicher Kooperation bei der Produktentwicklung

Teilelieferant

Diese Form der Einbeziehung ist dann zu beobachten, wenn wenig komplexe Produkte oder Produktteile entwickelt und erstellt werden sollen. Der hierzu notwendige Abstimmungsaufwand zwischen Auftraggeber und Auftragnehmer beschränkt sich auf die Information über die Schnittstellen zwischen dem zu erstellenden Produkt oder -teil und dem Produktkomplex. Die Realisierung der in Auftrag gegebenen Leistung wird dabei weitgehend dem Auftragnehmer überlassen.

Die Einbeziehung eines Teilelieferanten in den Produktentwicklungsprozeß umfaßt aber nicht nur die auftragsmäßige Konstruktion und Herstellung eines Produkts oder -teils, wie der Begriff vielleicht vermuten läßt, sondern beinhaltet auch die Erbringung von Dienstleistungen im Rahmen der Produktentwicklung. Dies können z. B. die Erstellung einer Konstruktion oder die Durchführung von kosten- und know-how-intensiven Spezialanwendungen wie z. B. die Spritzgußsimulation oder die Finite-Elemente-Methode (vgl. Reinhart / Brandner 1996, S. 391) sein. Zudem können Entwurf und Herstellung von Produktionsmitteln wie z. B. Werkzeugen an einen Teilelieferanten delegiert werden.

„Black Box"- oder Systemlieferant

Die Verlagerung der Entwicklung komplexer Produktkomponenten auf Zulieferer ist in der Automobilindustrie seit längerem gängige Praxis, die mittlerweile in zunehmendem Maße auch auf andere Industriezweige übertragen wird (vgl. Karl 1997, S. 161). Voraussetzung für die Fremdvergabe ist allerdings, daß die Komponenten nur über wenige definierbare Schnittstellen zum Produktkomplex verfügen und daher von diesem relativ unabhängig entwickelt werden können. Damit ergibt sich, wie auch im Fall des Teilelieferanten, ein nur geringer Abstimmungsbedarf. Als Beispiel für ein von einem Zulieferer gefertigtes System kann ein elektrisches Auto-Schiebedach angeführt werden, zu dessen Konzeption und Realisierung nur wenige Schnittstellendaten wie etwa die Außenmaße vom Autohersteller an den Systemlieferanten übermittelt werden müssen.

Entwicklungskooperation

Kennzeichnend für die Errichtung einer Entwicklungskooperation ist ein hoher Produktentwicklungsumfang bei gleichzeitig hohem Abstimmungsbedarf. Typische Entwicklungsprojekte, die diesen Rahmenbedingungen unterliegen, sind Großprojekte wie z. B. die oben bereits erwähnte Entwicklung des Passagierflugzeugs Airbus A3XX. Die Vorzüge der Entwicklungskooperation sind die Möglichkeit zur Realisierung von Synergieeffekten durch eine Wissensbündelung sowie die Möglichkeit zur Risikoverteilung. Darüber hinaus können mit Hilfe einer Entwicklungskooperation Kapazitäten flexibel an die jeweilige Bedarfssituation angepaßt werden.

3.3.2 Intraorganisatorische Standortverteilung

Die räumliche Dezentralisierung von Organisationseinheiten in einem Unternehmen kann vielfältige Ausprägungen aufweisen. Die Verlagerung von Fertigung, Montage, Arbeitsvorbereitung und Qualitätssicherung ist, wie oben bereits angesprochen, eine in der industriellen Praxis häufig zu beobachtende Maßnahme zur Realisierung von Kosteneinsparungen. Aus diesem Grund soll die Analyse von Defiziten in der Abwicklung technischer Änderungen infolge intraorganisatorischer Standortverteilung auf diese räumliche Konstellation konzentriert werden.

3.4 Defizite standortverteilter Änderungsprozesse

Im folgenden werden die Defizite näher erläutert, die anhand der oben vorgestellten Konstellationen einer Standortverteilung bei technischen Änderungsprozessen sichtbar werden. Für die Systematisierung dieser Defizite werden wiederum die Ebenen der Organisation, der Information und Kommunikation, der Funktion und der Ereignisse herangezogen.

3.4.1 Räumliche Verlagerung des Kunden

Gegenüber dem Modell des Änderungsprozesses aus dem vorigen Kapitel wird zunächst die Prämisse aufgehoben, daß sich der Kunde und der Hersteller am gleichen Standort befinden. Die dadurch entstehenden Probleme werden im folgenden näher erläutert.

3.4.1.1 Probleme der Organisation

3.4.1.1.1 Defizite in der Aufbauorganisation

Zusätzliche Schnittstelle in der Kommunikation

Durch die Matrixorganisation beim Hersteller mit den Dimensionen Hierarchie und Projekt ist für den Kunden der erste Ansprechpartner der Vertrieb. Problemmeldungen seitens des Kunden gelangen somit nur über diese zusätzliche Schnittstelle zum Serienbetreuer oder Projektleiter. Die räumliche Trennung von Kunde und Hersteller bewirkt dabei eine Verzögerung und evtl. sogar Verfälschung der Kommunikation.

3.4.1.1.2 Defizite in der Ablauforganisation

Sequentieller Ablauf der Änderung

Im Rahmen des Modellprozesses ist der Kunde in diverse Teilschritte involviert, die dessen Genehmigung beinhalten, wie z. B. die Genehmigung des Änderungsdokuments oder der Kostenermittlung. Diese auf Basis von Formularen ablaufenden Teilschritte erfordern aufgrund der Standortverteilung mehr Zeit, da ein Formulartransport zwischen den Standorten notwendig ist, und verzögern dadurch - bedingt durch die sequentielle

Bearbeitung der einzelnen Prozeßschritte - nachfolgende Bearbeitungsschritte und damit den Prozeßfortschritt insgesamt.

3.4.1.2 Probleme der Information und Kommunikation

Erschwerung von Face-to-face-Kontakten

In einer standortverteilten Konstellation ist Face-to-face-Kommunikation nur mit höherem Aufwand realisierbar, weshalb meist auf andere Kommunikationskanäle ausgewichen werden muß. Steht die betreffende Informations- und Kommunikationsinfrastruktur nicht zur Verfügung, so unterbleiben nötige Informations- und Kommunikationsvorgänge oder werden mit Hilfe unzureichender Kanäle realisiert, die eine Informationsverfälschung oder -verkürzung zur Folge haben. Insbesondere wichtige Abstimmungsvorgänge mit Kundenbeteiligung werden dadurch nachhaltig beeinträchtigt.

3.4.1.3 Funktionale Probleme

Kein Einfließen von Erkenntnissen des Kunden

Wird eine Änderung aufgrund eines Kundenwunsches notwendig, so kann ein Rückgriff auf Erfahrungen des Kunden zu einer schnelleren und besseren Änderungsabwicklung beitragen. Ungeeignete IuK-Systeme sowie die Aufbauorganisation beim Hersteller erschweren eine derartige Funktion allerdings.

3.4.1.4 Probleme auf der Ebene der Ereignisse

Verzögertes Erkennen von Ereignissen mit Kundenbeteiligung

Für eine Problemanalyse auf der Ebene der Ereignisse sind hauptsächlich diejenigen Ereignisse von Bedeutung, denen eine Aktivität des Kunden vorausgeht. Im Rahmen des oben vorgestellten Modellprozesses sind dies im wesentlichen die Genehmigung des Änderungsdokuments, der Kostenermittlung und des Erstmuster-Prüfberichts. Hat der Kunde sein Einverständnis erteilt, so verstreicht bis zur Wahrnehmung der Genehmigung beim Hersteller und dem Auslösen nachfolgender Prozeßschritte u. U. noch dadurch unnötig Zeit, daß z. B. das betreffende Formular beim Kunden liegen bleibt oder sich der Transport verzögert.

3.4.2 Räumliche Verlagerung von Fertigung, Montage, Arbeitsvorbereitung und Qualitätssicherung

Als nächstes wird das Modell eines Änderungsprozesses um die Annahme erweitert, daß Arbeitsvorbereitung, Fertigung, Montage und Qualitätssicherung von den übrigen

Funktionsbereichen des Herstellerunternehmens räumlich getrennt sind. Welche Auswirkungen dies auf die Abwicklung technischer Änderungen mit sich bringt, ist Gegenstand der folgenden Darstellung.

3.4.2.1 Probleme auf der Ebene der Organisation

3.4.2.1.1 Defizite in der Aufbauorganisation

Überschneidung von Weisungskompetenzen

Bereits im Fall einer standortgebundenen Änderungsabwicklung ergab sich die Problematik der Überschneidung von Weisungskompetenzen in der Matrixorganisation mit den Dimensionen Hierarchie und Projekt. Diese Problematik wird durch die räumliche Trennung von Projektleiter und betreffendem Mitarbeiter noch verstärkt, da der Mitarbeiter seinem Linienvorgesetzten räumlich näher ist und damit unter dessen größerem Einfluß steht. Dies kann zur Folge haben, daß Abteilungsaufgaben eine gewisse Priorität eingeräumt und damit die Bearbeitung einer Änderung verzögert wird.

3.4.2.1.2 Defizite in der Ablauforganisation

Serielle Bearbeitung

Oben wurde bereits auf die negative Auswirkung der seriellen Bearbeitung der Teilschritte einer technischen Änderung hingewiesen. Diese wird durch die Standortverteilung noch verstärkt, da infolge der Notwendigkeit des Formulartransports zwischen den Standorten die Ausführungszeit formularbasierter Arbeitsschritte und somit die Ausführungszeit einer Änderung insgesamt verlängert wird.

Kein durchgängiges Prozeßmanagement

Eine heterogene DV-Infrastruktur an den verschiedenen Standorten, die beispielsweise historisch gewachsen sein kann oder aus Kostenüberlegungen resultiert, erschwert ein durchgängiges Prozeßmanagement. Die Folge hiervon sind disharmonische Abläufe, die Effizienzverluste bei der Änderungsabwicklung nach sich ziehen.

Entwicklung unterschiedlicher Unternehmenskulturen an den verschiedenen Standorten

Unterschiedliche standortspezifische Einflußfaktoren können dazu beitragen, daß sich verschiedenartige Unternehmenskulturen entwickeln. Beispielhaft seien hier eine unterschiedliche Interpretation von Handlungs- und Verfahrensanweisungen sowie der Einfluß regionaler Gegebenheiten auf die Arbeitsweise genannt, wie z. B. die Siesta in Spanien, aufgrund derer während der Mittagszeit nur eine sehr eingeschränkte Tätigkeit

53

stattfindet. Die Folge hiervon sind disharmonische Abläufe im Änderungsprozeß, die zu Effizienzverlusten führen.

3.4.2.2 Probleme auf der Ebene der Information und Kommunikation

Informationsdefizite aufgrund fehlender oder falsch eingesetzter Kommunikationskanäle

Aus der Wahl eines ungeeigneten Kommunikationskanals, z. B. verursacht durch das Fehlen geeigneter Kommunikationsmedien oder mangelnden Know-hows bezüglich deren Nutzung, können Informationsdefizite der Prozeßbeteiligten resultieren. Wird beispielsweise ein technisches Problem verbal in einer E-Mail beschrieben anstatt anhand einer kurzen Problemskizze, die per Fax übermittelt wird, so führt dies dazu, daß der Empfänger das Problem nicht eindeutig zuordnen kann oder falsch versteht. Damit wird entweder eine Rückfrage notwendig, die den Prozeß verzögert, oder der Prozeß wird mit einer Fehlinformation fortgeführt, die ggf. erst zu einem viel späteren Zeitpunkt entdeckt wird.

Diese Problematik ist bei räumlich dezentralen Unternehmensstrukturen von besonderer Bedeutung, da bei diesen der Einsatz von Informations- und Kommunikationsmedien das zentrale Strukturelement darstellt.

Informationsrückfluß zum Projektleiter

Im Beispielmodell findet kein geregelter Rückfluß von Information (v. a. Statusinformation) an den Projektleiter statt. Damit fehlt eine wichtige Unterstützungsfunktion für Entscheidungen des Projektleiters, die beispielsweise dann notwendig werden, wenn unvorhergesehene Probleme auftreten. Letztendliche Konsequenz hieraus ist eine deutliche Erhöhung der Durchlaufzeit und damit auch der Kosten der betreffenden Änderung.

3.4.2.3 Probleme auf der Ebene der Funktion

Erschwerung des organisatorischen Lernens

Bei der Durchführung von Änderungen treten bei den einzelnen Arbeitsschritten Erkenntniszuwächse ein, die Lerneffekte zur Folge haben. Das dabei generierte Wissen ist aber nicht nur im Rahmen der betreffenden Tätigkeit von Bedeutung, sondern kann auch in anderen Funktionsbereichen zu Verbesserungseffekten führen. Wird beispielsweise in der Fertigung die Erfahrung gewonnen, daß der Einsatz eines Fertigungsverfahrens bei bestimmten Materialien nicht zur gewünschten Qualität führt und deshalb auf ein kostenintensiveres Verfahren zurückgegriffen werden muß, so kann dieser Wissenszuwachs bereits in der Konstruktion genutzt werden.

Die Standortverteilung einer Unternehmung erschwert allerdings eine einheitliche Wissenszunahme, da das Wissen an unterschiedlichen Orten generiert wird und in der Regel keine Mechanismen für eine Wissenszusammenführung vorgesehen sind.

3.4.2.4 Probleme auf der Ebene der Ereignisse

Verspätete Wahrnehmung von Ereignissen

Im hier betrachteten Beispielprozeß einer technischen Änderung werden viele Arbeitsschritte durch Formulare ausgelöst. Durch die Standortverteilung wird ein Formulartransport zwischen den einzelnen Standorten nötig, der dazu führt, daß die Zeitspanne zwischen dem Eintreten eines Ereignisses (z. B. die Komplettierung der Kostenerfassung durch die Arbeitsvorbereitung und den Einkauf) und dessen Erkennen noch größer wird, was zu einer Verlängerung der Durchlaufzeit einer Änderung beiträgt.

3.4.3 Räumliche Verlagerung von externen Leistungsträgern: Teilelieferant und Systemlieferant

In einem weiteren Schritt der Modifikation des Modellprozesses einer technischen Änderung wird nun die Prämisse aufgehoben, daß externe Prozeßbeteiligte - im bisherigen Modell ein Prototyp- und Werkzeuglieferant sowie ein externes Konstruktionsbüro - am gleichen Standort angesiedelt sind wie das Herstellerunternehmen. Darüber hinaus wird das Modell um einen Systemlieferanten erweitert. Da der Systemlieferant eine Erweiterung des Teilelieferanten in der Hinsicht darstellt, daß die fremdbezogene Leistung einen größeren Komplexitätsgrad aufweist, liegt die Vermutung nahe, daß diese beiden Formen ähnliche Probleme verursachen, wenngleich auch in unterschiedlichem Ausmaß. Daher ist eine gemeinsame Betrachtung zweckmäßig.

3.4.3.1 Probleme auf der Ebene der Organisation

3.4.3.1.1 Defizite in der Aufbauorganisation

Mangelnde Integration von Einkauf und Konstruktion

Auf der Ebene der Aufbauorganisation läßt sich das Problem feststellen, daß - analog zu den bei einer räumlichen Dislozierung des Kunden beobachteten Defiziten - der Einkauf als zusätzliche Schnittstelle in der Kommunikation mit dem Teile- bzw. Systemlieferanten eine Verzögerung und die Gefahr der Informationsverfälschung und -verkürzung birgt.

3.4.3.1.2 Defizite in der Ablauforganisation

Fehlerfortpflanzung vom Hersteller zum Teile- bzw. Systemlieferanten

Unumgängliche Modifikationen einer Änderungslösung in späten Phasen sind, wie oben bereits angesprochen, sehr problematisch. Die Fremdvergabe der Realisierung dieser Lösung verschärft diese Problematik, da zu diesem Zeitpunkt der Teile- bzw. Systemlieferant evtl. bereits begonnen hat, die Änderungslösung umzusetzen, so daß diese späte Modifikation hohe Folgekosten und eine Verzögerung der Änderung verursacht (vgl. Karl 1997, S. 162).

Serielle Bearbeitung

Bedingt durch die Fremdvergabe von Teilen einer Änderungslösung besteht nur wenig Einfluß auf deren Fertigstellungstermin. Aufgrund der sequentiellen Bearbeitung einer technischen Änderung wirken sich damit durch den Teile- bzw. Systemlieferanten verursachte Verzögerungen in vollem Umfang auf die Durchlaufzeit der Änderung aus.

3.4.3.2 Probleme auf der Ebene der Information und Kommunikation

Probleme des Datenaustausches

Durch unterschiedliche DV-Systeme bei Hersteller und Teile- bzw. Systemlieferant kann der Datenaustausch erschwert werden. Dies ist besonders schwerwiegend, wenn Dienstleistungen fremdbezogen werden sollen, die einen Datentransfer voraussetzen, wie z. B. eine FEM-Analyse.

Fehlende Genauigkeit bei Anforderungsdefinition

Bei einem Fremdbezug von Leistungen ist eine wesentlich detailliertere Information des Lieferanten von Seiten des Einkaufs nötig als im Falle einer internen Leistungserstellung (vgl. Karl 1997, S. 163). Falls dabei eine detaillierte Beschreibung des Einsatzzwecks des Produkts fehlt, greifen Teile- bzw. Systemlieferant auf ihre traditionellen Erfahrungswerte zurück (vgl. Beyse / Möll 1997, S. 25). Dadurch können u. U. erhebliche Diskrepanzen entstehen, die nachträgliche Modifikationen notwendig machen.

3.4.3.3 Probleme auf der Ebene der Funktion

Kaum / kein Wissensrückfluß vom Teilelieferanten

Während der Erstellung der Leistung treten beim Teile- bzw. Systemlieferanten Erkenntniszuwächse wie z. B. über spezifische Fertigungsprobleme ein. Da kein Mechanismus existiert, der gewährleistet, daß dieses neugewonnene Know-how zum Hersteller weiterfließen kann, unterbleiben damit Anstöße für Lerneffekte, die zu Prozeßverbesserungen führen könnten.

3.4.3.4 Probleme auf der Ebene der Ereignisse

Spätes Erkennen einer Änderungsnotwendigkeit

Wie problematisch das späte Erkennen der Notwendigkeit einer Überarbeitung des beschlossenen Änderungskonzepts ist wurde oben bereits erläutert. Bei der Einbeziehung von Teile- bzw. Systemlieferanten ist zusätzlich erforderlich, daß diese in Kenntnis gesetzt werden, so daß erst mit zusätzlicher Zeitverzögerung der Eintritt dieses Ereignisses wahrgenommen wird.

3.4.4 Erweiterung des Modells um eine Entwicklungskooperation

Das bisherige Modell, das davon ausgeht, daß die Kernaktivitäten der Änderung im Herstellerunternehmen stattfinden, wird nun dahingehend modifiziert, daß die Änderung im Rahmen einer Entwicklungskooperation mit gleichberechtigten Partnern stattfindet.

3.4.4.1 Probleme auf der Ebene der Organisation

3.4.4.1.1 Probleme der Aufbauorganisation

Effizienzverluste infolge unterschiedlicher Leistungsfähigkeit

Unterschiedliche Unternehmen können unterschiedliche Flexibilität und Reaktionsfähigkeit aufweisen. Bei der Verknüpfung von Organisationseinheiten dieser Unternehmen führt dies zu Effizienzverlusten (vgl. Eversheim / Warnke / Schröder 1997, S. 61), die sich auch auf die Änderungsprozesse auswirken.

3.4.4.1.2 Probleme der Ablauforganisation

Unterschiedliche Unternehmenskulturen

Die Kombination unterschiedlicher Unternehmenskulturen - im besonderen die unternehmensspezifische Prägung von Abläufen - führt zu Interessenskämpfen sowie mangelnder Zielidentität und Plankompatibilität (vgl. Luczak 1995). Hieraus resultieren Reibungswiderstände, die den Prozeßablauf nachhaltig behindern können.

Unternehmensübergreifende Ablaufsteuerung

Ein weiteres Problem bei der Entwicklungskooperation ist, daß infolge heterogener DV-Systeme eine durchgängige Ablaufsteuerung im Sinne eines Workflow-Managements erschwert wenn nicht sogar unmöglich wird. Dadurch bleiben Möglichkeiten zur zeitlichen Straffung des Änderungsprozesses, insbesondere durch eine Beschleunigung gut strukturierter und damit leicht automatisierbarer Teilprozesse, ungenutzt.

3.4.4.2 Probleme auf der Ebene der Information und Kommunikation

Reibungsverluste infolge unterschiedlicher Wissensstände

Der Zusammenschluß mehrerer Unternehmen zu einer Entwicklungskooperation führt unweigerlich zu dem Problem, daß unterschiedliche Wissensbestände miteinander verknüpft werden. Hieraus resultieren „Übersetzungs- und Interpretationsprobleme" (vgl. Beyse / Möll 1997, S. 24), die zu einer Behinderung des Änderungsprozesses führen.

Probleme bei Abstimmungsprozessen

Wesentliche Ursache für Probleme bei Abstimmungsprozessen ist das Fehlen geeigneter IuK-Systeme zur Unterstützung standortübergreifender Entwicklung (vgl. Karl 1997, S. 162). Darüber hinaus ist besonders im CA-Bereich die Inhomogenität von Hard- und Software ein besonderes Problem (vgl. Dietrich / von Lukas / Morche 1996, S. 595), die Abstimmungsvorgänge am CAD-Objekt erschwert bzw. unterbindet.

Wissenstransfer zu Kooperationspartnern

Die Kernintention einer Kooperation ist es, durch Kombination des Know-hows eine Änderungslösung zu erarbeiten, die ein Unternehmen allein in diesem Maße nicht hätte erreichen können. Dazu ist es erforderlich, den Kooperationspartnern Einblick in den eigenen Wissenstand zu gewähren. Problematisch ist dabei, das richtige Maß zu finden, da Kooperationspartner auch Konkurrenten sein können und demzufolge zuviel preisgegebenes Wissen einen evtl. Informationsvorsprung zunichte machen würde. Besonders problematisch ist in diesem Zusammenhang der unkontrollierte Abfluß von Wissen.

3.4.4.3 Probleme auf der Ebene der Funktion

Prozeßbegleitendes, unternehmensübergreifendes Controlling

Die besondere Schwierigkeit eines prozeßbegleitenden Controllings in einer Entwicklungskooperation besteht darin, die Informationssysteme der beteiligten Unternehmen zu kombinieren, um damit eine einheitliche und umfassende Unterstützung von Planung und Kontrolle der technischen Änderung zu ermöglichen. Darüber hinaus tritt das Problem auf, wie Kosten und Leistungen den entsprechenden Leistungsträgern verursachungsgerecht zugerechnet werden können.

Sicherstellung der Konsistenz der Produktunterlagen

Wie bereits erwähnt, führen Inkonsistenzen in der Produktdokumentation zu Störungen des Änderungsprozesses. Im Rahmen einer Entwicklungskooperation besteht damit die Anforderung, eine unternehmensübergreifende Konsistenzsicherung zu gewährleisten, was durch heterogene DV-Landschaften große Schwierigkeiten verursachen kann.

Finden geeigneter Kooperationspartner

Zur Errichtung einer Entwicklungskooperation ist es notwendig, geeignete Kooperationspartner zu finden, insbesondere wenn fehlendes Know-How akquiriert werden soll. Die Suche nach geeigneten Partnern gestaltet sich allerdings sehr schwierig, da es keine Einrichtungen wie Partner-Börsen gibt. Zudem geben Unternehmen in der Regel ungern preis, über welches Know-how sie verfügen.

3.4.4.4 Probleme auf der Ebene der Ereignisse

Verzögertes Erkennen von Ereignissen

Hauptproblem auf der Ebene der Ereignisse ist, wie oben bei anderen Formen standortverteilter Änderungsabwicklung bereits festgestellt, das späte Erkennen des Eintretens von Ereignissen. Bei der Entwicklungskooperation kommt dabei erschwerend hinzu, daß mehrere Akteure über den Eintritt eines Ereignisses informiert werden müssen, wodurch zusätzliche Zeitverluste entstehen.

3.5 Fazit aus der Modellerweiterung

Die in Kapitel 2 beschriebenen Defizite heutiger Änderungsabwicklung werden durch eine Standortverteilung der beteiligten Akteure verschärft und durch zusätzliche Probleme erweitert. Den Schwerpunkt bilden dabei Probleme der Information und Kommunikation, die sowohl auf ungeeignete Organisationsformen als auch auf fehlende, falsch oder nicht eingesetzte Informations- und Kommunikationsmedien zurückzuführen sind.

4 Vision eines optimierten standortverteilten Änderungsprozesses

Aus den in den vorangehenden beiden Kapiteln erörterten Defiziten der heutigen Änderungsabwicklung resultieren im wesentlichen drei Negativeffekte:

- lange Durchlaufzeiten von Änderungen

- hohe Anzahl von Änderungen und Folgeänderungen

- hohe Änderungskosten

Um technische Änderungen effektiver und effizienter durchführen zu können und damit die eingangs erwähnte notwendige Anpassung an die veränderte Wettbewerbssituation zu erreichen, ist es daher notwendig, diese Negativeffekte zu reduzieren bzw. zu beseitigen. Die folgende Darstellung zeigt Ansätze eines Änderungsmanagements auf, das diese Ziele erreichen soll, und stellt vor, wie ein optimierter Ablauf eines Änderungsprozesses unter Einsatz dieses Änderungsmanagements aussehen könnte.

4.1 Prinzipien eines effektiven und effizienten Änderungsmanagements

Damit im Rahmen der Änderungsabwicklung oben aufgezeigte Ziele erreicht werden, sieht Wildemann (1993a) die Einhaltung dreier Prinzipien für erforderlich an: Das Prinzip der Prävention, das Prinzip der Selektion und das Prinzip der Effizienz.

Die Wirkungsweise dieser Prinzipien wird im folgenden erläutert (vgl. im folgenden Wildemann 1993a sowie Abbildung 4.1).

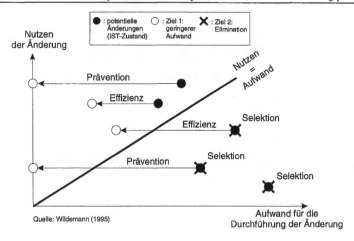

Abbildung 4.1: Die Wirkungsweise der Prinzipien Prävention, Selektion und Effizienz

4.1.1 Prävention

Das Prinzip der Prävention beinhaltet, die technische Änderungen durch geeignete Maßnahmen entlang der Innovationskette zu vermeiden. Idealerweise wird dabei der volle Änderungsnutzen ohne Änderungsaufwand erzielt. In der Praxis kann dies aber nicht vollends umgesetzt werden, da eine Antizipation von Änderungen aufgrund nicht vorhersehbarer Ereignisse wie z. B. Gesetzesänderungen kaum möglich ist.

Die Anwendung des Prinzips der Prävention hat direkten Einfluß auf die Anzahl der durchzuführenden Änderungen und verringert die Anzahl unnötiger Änderungen. Indirekt wirkt die Prävention damit auf die Höhe der Änderungskosten insgesamt, da weniger Änderungen zwangsläufig weniger anfallende Kosten bedeuten.

4.1.2 Selektion

Selektion bedeutet die geplante Bewertung und Auswahl von technischen Änderungen. Durch Ermittlung des Nutzen-/Aufwandverhältnisses einer technischen Änderung entlang ihrer gesamten Prozeßkette kann eine Aussage darüber getroffen werden, ob die Durchführung dieser Änderung wirtschaftlich sinnvoll ist oder nicht. In letzterem Fall wird man von einer Durchführung absehen; in ersterem eine möglichst zügige Realisierung anstreben. Damit wirkt das Prinzip der Selektion direkt auf die Zahl der durchzuführenden Änderungen und damit - ebenso wie das Prinzip der Prävention - indirekt auf die Höhe der Änderungskosten.

4.1.3   Effizienz

Unter Effizienz versteht man eine Zielerreichung unter möglichst günstigem Mittelein-
satz (vgl. Heinen 1991, S. 77). Im Rahmen technischer Änderungen bedeutet Effizienz
damit, den als fix betrachteten Änderungsnutzen im Sinne des Minimalprinzips mit
möglichst geringem Aufwand zu realisieren.

Die Anwendung des Prinzips der Effizienz hat vor allem Einfluß auf die Durchlaufzeit
einer Änderung und damit auf die Höhe der Änderungskosten. Zudem kann durch eine
effizientere Abwicklung eine ursprünglich wirtschaftlich nicht sinnvolle Änderung, die
unter Anwendung des Prinzips der Selektion eliminiert worden wäre, in eine wirtschaftlich sinnvolle Änderung übergeführt werden.

4.2   Elemente eines effektiven und effizienten Änderungsmanagements

Zur Verbesserung der Abwicklung technischer Änderungen werden in der Literatur einige Ansätze diskutiert (vgl. u. a. Bullinger / Wasserloos 1990; Marcial / Matthes 1993;
Wildemann 1993a; Reichwald / Conrat 1995 und 1996). Das von Wildemann vorge-
schlagene Bausteinkonzept sowie der im SFB 336 verfolgte Ansatz eines integrierten
Änderungsmanagements heben sich dabei durch ihre ganzheitliche Ausrichtung hervor.
In beiden Konzepten finden aber die Erfordernisse standortverteilter Änderungsabwicklung keine Berücksichtigung.

Vereinzelt publizierte Ansätze für standortverteilte Änderungsbewältigung (vgl. z. B.
Reinhart / Brandner 1996) zeigen, daß diesbezüglich noch hoher Forschungsbedarf besteht, was auch dadurch unterstrichen wird, daß die DFG diesem Thema innerhalb eines
Teilprojekts des SFB 336 eine Forschungsperiode widmet. Ein umfassendes Konzept
eines standortverteilten Änderungsmanagements kann und soll daher im Rahmen dieser
Arbeit nicht erstellt werden. Deshalb beschränkt sich die folgende Darstellung darauf,
einen Lösungsansatz vorzustellen, der die Grundideen des Bausteinkonzepts von Wildemann und des Integrationsansatzes des SFB 336 verbindet und um einige Aspekte in
Bezug auf standortverteilte Änderungsabwicklung erweitert. Um den Bezug zu den in
den letzten beiden Kapiteln aufgezeigten Defiziten herzustellen, wird wiederum eine
nach Organisation, Information und Kommunikation, Funktion und Ereignissen differenzierte Betrachtungsweise eingenommen.

4.2.1 Elemente auf der Ebene der Organisation

4.2.1.1 Aufbauorganisation

Das mit einer organisatorischen Integration der Prozeßbeteiligten verfolgte Ziel ist die Überwindung der in der Praxis verbreiteten Kommunikations- und Abstimmungsmängel (vgl. Schmelzer 1992, S. 31). Die im Modell aufgezeigte und in der Praxis bei F&E-Projekten häufig zu beobachtende Form einer Matrixorganisation mit den Dimensionen Hierarchie und Projekt zielt zwar auf diesen Effekt ab, die Praxis zeigt aber, daß dieses Ziel nicht erreicht wird, v. a. vor dem Hintergrund standortverteilter Leistungserstellung (siehe oben).

In diesem Zusammenhang gewinnen oben diskutierte moderne Organisationsstrategien in Verbindung mit Telekooperation an Bedeutung, insbesondere die virtuelle Unternehmung, da zunehmende Produktkomplexität sowie wachsende Marktunsicherheit die Rahmensituation technischer Änderungen kennzeichnen. Die Verbesserung, die durch die Organisationsform der virtuellen Unternehmung erzielt werden kann, beruht darauf, daß durch den Einsatz telekooperativer Medien eine von räumlichen Aspekten weitgehend unabhängige Bildung eines virtuellen Teams vorgenommen werden kann (vgl. Bullinger 1997). Dadurch kann das für die Konzeption und Erstellung einer Änderungslösung notwendige Know-how aus den verschiedenen Disziplinen unternehmensübergreifend akquiriert und gebündelt werden. Dies ist vor allem deswegen von Bedeutung, da zum Aufbau eigenen Know-hows oft die Zeit fehlt (vgl. Bullinger / Wasserloos 1990, S. 9). Durch diese Know-how-Konzentration können Lernprozesse weitgehend verkürzt und Fehler, die aufgrund fehlenden Spezialwissens entstanden wären, von vornherein eliminiert werden. Die Folge hiervon ist eine deutlich effizientere Abwicklung technischer Änderungen.

4.2.1.2 Ablauforganisation

Workflow-Management

Workflow-Management bedeutet, „die Ablauforganisation durch Verknüpfung von unterschiedlichen Systemen zu einem vorgangsorientierten Anwendungssystem zu automatisieren" (vgl. Götzer 1997, S. 43). Zentrale Komponente ist dabei das Workflow-System, das eine DV-gestützte durchgängige Abwicklung, Steuerung und Kontrolle von Geschäftsprozessen unter einheitlicher Oberfläche und vollständiger Integration bestehender DV-Anwendungen ermöglicht (vgl. Götzer 1997, S. 66).

Die Unterstützungsleistung eines Workflow-Systems für das Management standortverteilter Änderungsprozesse besteht darin, daß es deren effiziente Ablaufsteuerung ermöglicht. Die mit Hilfe des Workflow-Systems realisierte Reduktion der Durchlaufzeit einer Änderung trägt damit zur Umsetzung des Prinzips der Effizienz bei. Als Beispiel für den Einsatz im Rahmen eines Änderungsprozesses läßt sich die Abbildung der Phase des Änderungsvorlaufs in einem Genehmigungsworkflow anführen. Der eingehende Änderungsantrag wird vom Workflow-System dabei automatisch an alle Beteiligten weitergeleitet, die für die Ansicht des Antrags und dessen Beurteilung notwendige Anwendung bei den betreffenden Akteuren gestartet und abschließend das Urteil an den Projektleiter zurückgesandt.

Moderne Workflow-Systeme bieten zudem die Möglichkeit einer Anbindung an das Internet, so daß auch unternehmensübergreifende Workflows unterstützt werden können.

Concurrent / Simultaneous Engineering

Unter Concurrent / Simultaneous Engineering wird die zeitlich parallele Entwicklung des Produkts und der zu seiner Herstellung notwendigen Produktionsmittel im Rahmen eines interdisziplinären Teams verstanden (vgl. Wildemann 1993a, S. 24). Damit wird der in Kapitel 2 aufgezeigten Verknüpfung zwischen den beiden Teilprozessen der Produkt- und Prozeßentwicklung im Rahmen von Produktentwicklungs- und Änderungsprozessen Rechnung getragen. Die frühzeitige Berücksichtigung von Interdependenzen zwischen den Produkteigenschaften und den Fertigungs-, Montage- und Prüfprozessen und damit die Antizipation möglicher Probleme in späteren Prozeßphasen bewirkt dabei eine Reduktion von Kosten und Zeitbedarf und trägt so zur Realisierung der Prinzipien der Effizienz und der Prävention bei (vgl. hierzu auch Abbildung 4.2).

Wichtige Methoden im Rahmen des Concurrent / Simultaneous Engineering-Ansatzes sind Failure Mode and Effect Analysis (FMEA), Design for Manufacturing (DFM) und Design for Assembly (vgl. Clark / Fujimoto 1991, S. 240). Erstere beinhaltet eine geistige Vorwegnahme möglicher Herstell- und Bedienrisiken, aus denen Probleme in Produkt und Prozeß frühzeitig identifiziert und damit Gegenmaßnahmen eingeleitet werden können (vgl. z. B. Wildemann 1993a, S. 105). Die FMEA wirkt damit u. a. der mangelnden Durchplanung des Änderungsablaufs entgegen.

Inhalt der Methoden DFM und DFA ist eine Bewertung der Entwicklung aus der Sicht der Fertigung bzw. Montage einerseits sowie der Transfer von Spezialwissen aus den Bereichen der Fertigung und der Montage zur Entwicklung im Rahmen des Simultaneous Engineering Teams andererseits. Die Methoden DFM und DFA wirken damit auf eine Steigerung der Qualität des Änderungsprozesses und somit auf eine Reduktion der Zahl der Folgeänderungen sowie der Bearbeitungsdauer von Änderungen hin.

Im Vergleich zu einer standortgebundenen Änderungsabwicklung kommt der Realisierung eines Concurrent / Simultaneous Engineering im Rahmen einer standortverteilten Änderungsabwicklung besondere Bedeutung zu, da durch eine sequentielle Abfolge der Teilaktivitäten einer technischen Änderung und die infolge der räumlichen Verteilung der Leistungsträger erschwerte Kommunikations- und Abstimmungssituation die Änderungsabwicklung in noch stärkerem Maße ineffizient werden würde. Voraussetzung für eine wirksame Umsetzung des Concurrent / Simultaneous Engineering-Ansatzes ist allerdings der Einsatz von Telemedien wie Workflow-, Groupware-, Video- und Computerkonferenz-Systemen (vgl. Eversheim et al. 1996, S. 20).

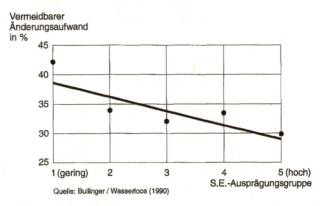

Abbildung 4.2: *Zusammenhang zwischen dem Einsatz von Simultaneous Engineering und dem vermeid-baren Änderungsaufwand*

4.2.2 Elemente auf der Ebene der Information und Kommunikation

Erweiterte Möglichkeiten zur Information und Kommunikation

Die zunehmend zu beobachtende räumliche Trennung von Leistungsträgern bewirkt einen wachsenden Bedarf an schnellen Informationsflüssen (vgl. Krause et al. 1996, S. 147), den traditionelle Kommunikationsmedien wie Telefon, Fax oder Face-to-face-Meetings nur ungenügend decken können. Insbesondere die im Rahmen technischer Änderungen zahlreich notwendigen Abstimmungsprozesse bedürfen daher einer geeigneten informations- und kommunikationstechnischen Unterstützung. Hierfür bieten sich Bildtelefon, Videokonferenzen, Application Sharing, File Transfer und Mailsysteme an (vgl. Bullinger 1997, S. 11).

65

Um technische Änderungen in einer standortverteilten Umgebung effektiv und effizient abwickeln zu können, muß daher dafür Sorge getragen werden, daß diese Technologien für die Änderungsabwicklung bereitstehen.

DV-Integration

Ein wichtiger Baustein im Rahmen eines Lösungsansatzes für das Management standortverteilter Änderungsabwicklung ist eine DV-technische Integration. Diese soll DV-bedingte Schnittstellen wie z. B. die Notwendigkeit zu einer Konvertierung des Datenformats vermeiden und damit zu einer Effizienzsteigerung der Änderungsabwicklung beitragen.

Im Hinblick auf eine standortverteilte Entwicklung im Rahmen der Änderungsabwicklung sind dabei vor allem PDM / EDM-Systeme von Bedeutung, da sie eine netzwerkweite, konsistente Datenhaltung ermöglichen (vgl. Krause et al. 1996, S. 148). Neben der Möglichkeit der Verwaltung von Produktdaten heterogener CAD-Systeme bieten derartige Systeme zusätzlich die Möglichkeit zur Einbindung multimedialer Inhalte wie Text, 2D-Skizzen, Bitmaps, Animationen oder Videosequenzen (vgl. Krause et al. 1996, S. 149). Diese unterstützen eine schnelle Verbreitung von Ergebnissen und Erkenntnissen eines einzelnen Entwicklers zu den anderen Mitgliedern des Entwicklungsteams und tragen damit zur Erleichterung von Abstimmungsprozessen bei.

Eine Alternative zu dieser asynchronen Form der Abstimmung bieten computergestützte Konferenzen, die einen Wissensaustausch zwischen den einzelnen Entwicklern am Entwicklungsobjekt erlauben. Verknüpft man darüber hinaus das PDM / EDM-System mit breitbandiger Kommunikationstechnik, so kann die gemeinsame Entwicklung am CAD-Modell durch eine parallele Audio / Video-Konferenz ergänzt werden und so eine komfortable Abstimmungsmöglichkeit geboten werden (vgl. Dietrich et al. 1996).

Der Einsatz derartiger DV-Unterstützung kann damit sowohl zu einem effizienteren Produktentwicklungs- als auch Änderungsprozeß beitragen, wodurch eine Realisierung der Prinzipien der Prävention und der Effizienz erreicht werden kann.

4.2.3 Elemente auf der Ebene der Funktion

Prinzipien einer lernenden Organisation

Die Kernidee des Konzepts der lernenden Organisation besteht darin, Organisationsstrukturen zu schaffen, die sich weitgehend selbständig und kontinuierlich an die Erfordernisse der Rahmensituation anpassen (in Anlehnung an Kühnle 1997, S. 18). Grundlegende Voraussetzung für eine lernende Organisation ist dabei, daß im Unternehmen die Denkweise etabliert wird, Fehler als Chance zur Verbesserung zu begreifen und selbsttätig diesen Abhilfe zu schaffen.

Hierzu ist es erforderlich, ein Klima zu schaffen, das folgende drei Arten des Lernens zuläßt bzw. fördert (vgl. Bullinger et al. 1996, S. 18):

- Individuelles Lernen: Durch entsprechende Arbeitsorganisation soll erreicht werden, daß der einzelne Mitarbeiter sein Wissen vermehrt und dieses in die Organisation einbringt.

- Lernen im Team: Bedeutend ist hierbei der Aspekt, voneinander im Rahmen kooperativer Arbeitsumgebungen zu lernen und das so gewonnene Wissen dem Unternehmen zur Verfügung zu stellen.

- Unternehmensübergreifendes Lernen: Die Kooperation mit Kunden, Lieferanten und Partnern ermöglicht einen Erkenntniszuwachs aller Beteiligten.

Sind diese Voraussetzungen gegeben, so können sich in mehrfacher Hinsicht positive Auswirkungen auf die Abwicklung von Änderungen ergeben. Zum einen kann die Realisierung einer lernenden Organisation Verbesserungen in Nachbarprozessen technischer Änderungen bewirken, die sich dann auch auf die technischen Änderungen selbst fortpflanzen. Aus einem qualitativ hochwertigen Entwicklungsprozeß beispielsweise resultieren Produkte, die weniger oder gar keine Änderungen mehr erforderlich machen. Des weiteren werden durch die Durchführung von Änderungen an sich und den damit auftretenden Defiziten Lernprozesse angestoßen, die zu einer Verbesserung zukünftiger Änderungsprozesse beitragen.

Im Hinblick auf eine räumliche Dezentralisierung der Leistungsträger kann das Konzept der lernenden Organisation dazu beitragen, daß die Entwicklung unterschiedlicher Unternehmenskulturen an verschiedenen Standorten eines Unternehmens unterbunden wird. Bei unternehmensübergreifender Kooperation bietet es zudem die Möglichkeit, Reibungsverluste infolge unterschiedlicher Unternehmenskulturen und Wissensbestände zu dämpfen oder gar zu beseitigen, indem Reibungswiderstände durch das Streben nach Prozeßverbesserung abgebaut werden.

Prozeßbegleitendes Controlling

Das Controlling als Querschnittsfunktion eines Unternehmens erfüllt heute im wesentlichen zwei Funktionen (vgl. Horváth 1991, S. 17):

- Unterstützung von Planung und Kontrolle

- Gestaltung und Betrieb eines innerbetrieblichen Informationssystems mit Schwerpunkt auf dem internen Rechnungswesen

Ziel eines Controlling technischer Änderungsprozesse muß es daher sein, Informationen aus den die Änderung begleitenden Güter-, Geld- und Informationsströmen zu extrahieren, um so Planungs- und Kontrollfunktionen im Rahmen der Abwicklung technischer Änderungen zu unterstützen. Neben der reinen Datenerhebung fällt dabei dem Controlling auch die Aufgabe der Datenaufbereitung und -bereitstellung in geeigneter Form, insbesondere der Datenanalyse, zu.

Die Planungsaktivitäten in technischen Änderungsprozessen unterstützt ein Controlling im wesentlichen dadurch, daß Datenerhebungen von bereits abgeschlossenen Änderungen zur Verfügung gestellt werden. Diese liefern Ansatzpunkte für Kostenkalkulation, Terminplanung etc. und stellen damit eine Basis für die Prozeßplanung, insbesondere die Definition von Zielgrößen, zur Verfügung.

Um eine Ausübung der Kontrollfunktion zu gewährleisten, obliegt dem Controlling die permanente Überwachung dieser Zielgrößen, wodurch eine mögliche Ist-/Soll-Abweichung festgestellt und Gegenmaßnahmen von Seiten des Managements eingeleitet werden können. Schwerpunkt ist dabei die Anwendung der Prozeßkostenrechnung (vgl. Kapitel 2), um die vielfältigen Kostenwirkungen technischer Änderungsprozesse transparent zu machen. Hilfsmittel für die Erhebung nicht-monetärer Daten kann z. B. auch ein Workflow-System sein, das eine Erfassung der Bearbeitungsdauer einzelner Teilschritte erlaubt.

Besondere Anforderungen an ein prozeßbegleitendes Controlling ergeben sich aus der Standortverteilung der Leistungsträger einer technischen Änderung, da infolge dieser Information räumlich dezentral generiert wird. Damit in derartigen Strukturen das Controlling seine Funktion erfüllen kann, ist der umfassende Einsatz einer durchgängigen Informationsinfrastruktur nötig. Auf mögliche Realisierungsformen wird im nachfolgenden Kapitel näher eingegangen.

Das Konzept eines prozeßbegleitenden Controlling kann auch zu einer Umsetzung des oben vorgestellten Konzepts der lernenden Unternehmung beitragen. Diese beruht darauf, Fehler als Ansatzpunkt für Verbesserungen zu betrachten. Die hierzu notwendige Information über Defizite kann dabei über die Analyse- und Berichtsfunktionen des Controlling bereitgestellt werden.

Ansätze des Konfigurationsmanagements

In Kapitel 2 wurde bereits darauf eingegangen, daß das Konfigurationsmanagement wertvolle Ansatzpunkte für eine Unterstützung des Änderungsmanagements bietet. Dies soll im folgenden weiter präzisiert werden.

Der Begriff der Konfiguration umfaßt die „vollständige, in Dokumenten niedergelegte Beschreibung eines Systems / Produkts, die benötigt wird, um das System / Produkt über seine gesamte Lebensdauer zu fertigen, zu testen, zu betreiben und zu warten" (vgl. Saynisch 1984, S. 4). Mit Hilfe der Konfiguration kann eine Ordnung der vielfältigen Systemzustände erreicht werden (vgl. Saynisch 1984, S. 2).

Das Konfigurationsmanagement, das die Verwaltung der Konfigurationen beinhaltet, erfüllt im wesentlichen drei Aufgaben (vgl. im folgenden Madauss 1994, S. 329ff.): Die Konfigurationsidentifikation, die Konfigurationsüberwachung und die Statusermittlung der Konfiguration.

Im Rahmen der Konfigurationsidentifikation wird die Konfigurationsbasis ermittelt, die den Ausgangspunkt für jegliche Managementmaßnahmen darstellt. Mit Hilfe der Konfigurationsüberwachung wird jede Veränderung der Konfigurationsbasis vor deren Durchführung detailliert geprüft und ggf. angenommen oder abgelehnt. Die Statusermittlung dient schließlich der eindeutigen Feststellug des aktuell gültigen Konfigurationsstandes.

Die Verknüpfung zwischen einer technischen Änderung und einer Konfiguration besteht darin, daß durch die Änderung eine Modifikation der Konfigurationsbasis erfolgt. Durch die Anwendung der Prinzipien des Konfigurationsmanagements wird die im Rahmen einer technischen Änderung notwendige Dokumentenmodifikation einem formalen Prozeß unterworfen, der sicherstellt, daß zu jedem Zeitpunkt einer Änderung volle Transparenz bezüglich der aktuell gültigen Konfiguration besteht (in Anlehnung an Saynisch 1984, S. 5). Damit bietet das Konfigurationsmanagement die Möglichkeit, Fehler im technischen Änderungsprozeß infolge unstimmiger oder unklarer Versionslage eines Produkts zu unterbinden und trägt somit zur Umsetzung des Prinzips der Effizienz bei.

Das Konfigurationsmanagement stellt zudem sicher, daß nur unvermeidbare Änderungen durchgeführt werden, die endgültige Version eines Produkts bis ins Detail bekannt und dokumentiert ist und mangelhafte Teile zurückverfolgt werden können (vgl. Saynisch 1984, S. 5).

4.2.4 Elemente auf der Ebene der Ereignisse

Bei der Analyse der Defizite heutiger Änderungsabwicklung wurde wiederholt festgestellt, daß das Eintreten bestimmter Ereignisse, die nachfolgende Prozeßschritte auslösen, zu spät erkannt wird. Der oben vorgestellte Ansatz des Workflow-Management bietet neben einer Beschleunigung der Abläufe auch die Möglichkeit der zügigeren Kenntnisnahme von eingetretenen Ereignissen. Beispielsweise erscheint eine Meldung am Bildschirm des Projektleiters, sobald die Kostenermittlung durch Arbeitsvorbereitung und Einkauf abgeschlossen ist und mit dem Genehmigungsprozeß begonnen werden kann.

Die Abwicklung technischer Änderungen kann natürlich auch dadurch entscheidend verbessert werden, daß Mechanismen installiert werden, die eine frühere Erkennung der Änderungsnotwendigkeit ermöglichen. Für vermeidbare Änderungen, die etwa infolge eines mangelhaften Produktentwicklungsprozesses oder einer anderen Änderung auftreten, lassen sich hierfür z. B. die oben bereits vorgestellten Methoden FMEA, DFM und DFA einsetzen, die im günstigsten Fall - gemäß dem Prinzip der Prävention - dafür sorgen, daß eine Änderung gar nicht notwendig wird.

Problematisch allerdings sind unvorhersehbare Änderungsursachen wie z. B. Gesetzesänderungen oder veränderte Kundenwünsche. Aufgrund ihres stochastischen Charakters kann hier nur eine permanente Markt- und Politikbeobachtung eingesetzt werden, um frühzeitig sich abzeichnende Entwicklungen zu erkennen.

4.3 Das Modell eines optimierten Änderungsprozesses

Nachdem oben ausführlich die Probleme einer standortverteilten Änderungsabwicklung sowie mögliche Ansätze zu deren Behebung aufgezeigt wurden, soll anhand der folgenden Abhandlung dargestellt werden, wie eine technische Änderung unter Anwendung dieser Verbesserungsansätze ablaufen könnte.

Problemmeldung und Ausstellen des Änderungsantrags

Ausgangspunkt dieser Betrachtung ist ein beim Kunden auftretendes Problem nach Anlauf der Serienproduktion des betreffenden Produkts. Nach genauerer Begutachtung des Problems kontaktiert der Kunde seinen Ansprechpartner im Vertrieb des Herstellers. Der Vertrieb hat dabei sofortigen Zugriff auf alle relevanten Daten (Kunden-, Produktdaten etc.) und kann den zuständigen Serienbetreuer per Konferenz (Telefon, Video etc.) zuschalten. Nach eingehender Problemerörterung wird noch im Rahmen dieser Konferenz der Änderungsantrag erstellt, der in Form eines elektronischen Formulars vorliegt. Dabei können evtl. zusätzliche Informationen von seiten des Kunden (z. B. ein Videoclip, der das Problem visualisiert) eingefügt werden. Bei Bedarf kann in die Erstellung des Änderungsantrags auch ein Konstrukteur miteinbezogen werden. Der vollständig bearbeitete Antrag wird dann in einer Datenbank abgelegt.

Begutachtung des Änderungsantrags und Entscheidung

Der so entstandene Änderungsantrag wird anschließend einem Genehmigungsworkflow zugewiesen, der die Verteilung an alle betroffenen Bereiche sowie dessen Beurteilung durch die Bereiche automatisiert. Nach Vorliegen aller Bewertungen werden diese entsprechend aufbereitet und dienen dem Projektleiter / Serienbetreuer als Grundlage für die Entscheidung über die Durchführung der Änderung. Zusätzlich zur Beurteilung durch die einzelnen Bereiche wird das Controlling mit einer Grobkalkulation der bevorstehenden Änderung beauftragt. Auf Basis dieser Informationen wird dann eine Entscheidung über die Durchführung der Änderung getroffen.

Erarbeitung einer Änderungslösung

Die Durchführung der Änderung findet im Rahmen einer Kooperation statt, der die Organisationsform einer virtuellen Unternehmung zugrunde liegt. Die Kernaktivitäten finden dabei in einem virtuellen Team statt, das aus Akteuren der diversen Funktionsbereiche von Hersteller, Kunde und Zulieferern besteht.

Nach einer eingehenden Analyse des Problems wird die Problemursache ermittelt, wobei u. a. Erkenntnisse aus bereits abgeschlossenen Änderungen (z. B. früher abgelehnte Konzepte, Probleme bei der Realisierung von Änderungslösungen etc.) zu Rate gezogen werden. Eine wesentliche Rolle spielt dabei auch der Zugriff auf das Wissen der externen Änderungsbeteiligten. Im Rahmen des Teams werden daran anschließend - im Sinne eines Simultaneous Engineering - mehrere Lösungskonzepte für die Änderungslösung sowie den zu ihrer Herstellung nötigen Prozessen erarbeitet, die eingehend auf ihre Auswirkungen (notwendige Folgeänderungen, Kosten etc.) hin überprüft und bewertet werden. Das am besten bewertete Konzept wird dann für die Realisierung ausgewählt, während alle übrigen Konzepte zusammen mit ihrer Bewertung in einer Datenbank abgelegt werden.

Für die ausgewählte Änderung wird daran anschließend ein Workflow generiert, ein Terminplan erstellt sowie Zielgrößen definiert, die eine Überprüfung des Änderungsfortschritts ermöglichen. Dabei wird wiederum auf Erkenntnisse aus abgeschlossenen Änderungen zurückgegriffen. Parallel hierzu wird damit begonnen, eine detaillierte Kostenkalkulation zu erstellen sowie diese dem Kunden zur Genehmigung vorzulegen. Durch die DV-technische Integration des Kunden kann dies dabei vollkommen auf elektronischem Wege erfolgen.

Detaillierung der beschlossenen Änderungslösung und Freigabe der Konstruktion

Mittels CAD-Konferenzen, an denen die Konstrukteure des Kunden, des Herstellers und der Zulieferer teilnehmen, wird die ausgewählte Änderungslösung detailliert. Dabei findet eine permanente Abstimmung mit den beteiligten Akteuren aus Fertigung und Montage statt, um die Änderungslösung möglichst fertigungs- und montagegerecht zu gestalten. Darüber hinaus soll dadurch erreicht werden, daß möglichst parallel die zur Herstellung der Änderung nötigen Prozesse detailliert werden können.

An diese Arbeitsschritte schließt sich die Beantragung der Freigabe der Konstruktion, die Änderung der Stücklisten sowie die Erstellung der Prototypen durch den Prototyp-Lieferanten an. Das Workflow-Management, in das alle obigen Aktivitäten eingebettet sind, stellt dabei sicher, daß zu jedem Zeitpunkt die Konsistenz der Produktdokumentation gewährleistet ist und nur freigegebene Dokumente verfügbar sind.

Alle obigen Vorgänge werden von einer permanenten Kontrolle der zu Beginn der Änderungsdurchführung festgelegten Zielgrößen begleitet, so daß evtl. Abweichungen sofort sichtbar würden und Gegenmaßnahmen eingeleitet werden könnten. Zudem sind in den Workflow Arbeitspakete integriert, die eine Dokumentation der einzelnen Teilschritte hinsichtlich aufgetretener Probleme erlauben.

Prototypenerprobung, Herstellung von Serienwerkzeugen und Montageeinrichtungen und Einplanung der Änderung in Fertigung und Montage

Nach Erhalt des Prototypen wird dieser diversen Versuchen unterzogen, die die Zielkonformität der Änderungslösung überprüfen sollen. Erfüllt diese die an sie gestellten Anforderungen nicht vollständig, so werden im Rahmen weiterer CAD-Konferenzen Modifikationen an der Änderungslösung vorgenommen. Dabei werden wiederum Mitarbeiter aus Fertigung und Montage miteinbezogen, um gleichzeitig die Auswirkungen dieser Modifikationen auf die Fertigungs- und Montageprozesse zu erfassen und diese ggf. anpassen zu können.

Durch die Integration der Lieferanten der Serienwerkzeuge und der Montageeinrichtungen wird zugleich erreicht, daß diese gemäß der Änderungslösung gestaltet werden bzw. Schwierigkeiten bei deren Gestaltung frühzeitig erkannt werden und in die Änderungslösung einfließen können. Zudem wird so erreicht, daß baldmöglichst mit deren Herstellung begonnen werden kann. Das Einbeziehen der Arbeitsvorbereitung in die Abstimmungsvorgänge mit den Lieferanten bewirkt darüber hinaus eine höhere Termintransparenz, so daß die Modifikation der Fertigungs- und Montageanlagen präziser geplant werden kann.

Erstmustererstellung und -prüfung, Umbau der Anlagen und Freigabe

Zusammen mit den Serienwerkzeugen erstellt der Lieferant ein Erstmuster. Dieses wird einem ausführlichen Test unterzogen und auf Zielkonformität hin überprüft. Eventuell notwendige Modifikationen erfolgen wiederum in Abstimmung mit den Beteiligten aus Fertigung und Montage und unter Einbeziehung des Kunden und der Lieferanten.

Erfüllt das Erstmuster alle Anforderungen, so werden daraufhin Fertigungs- und Montageanlagen modifiziert sowie ein Erstmuster beim Hersteller erzeugt, welches ebenfalls einem umfassenden Test unterzogen wird. Das Ergebnis dieses Tests wird anschließend dem Kunden in Form eines Prüfberichts zur Genehmigung vorgelegt.

Aufgrund der weitreichenden Integration des Kunden in den Änderungsprozeß kann von dessen Genehmigung ausgegangen werden, so daß bereits im voraus die Fertigungs- und Montageeinrichtungen einer Abschlußprüfung unterzogen und freigegeben werden können.

Nachbereitung der Änderung

Die während der Durchführung der Änderung mit Hilfe des Workflow-Systems erstellte Dokumentation der einzelnen Teilschritte wird abschließend aufbereitet und in geeigneter Form in einer Datenbank abgelegt, damit sie in Form einer Wissensbasis für zukünftige Änderungen zur Verfügung stehen kann. Darüber hinaus findet eine Auswertung statt, inwieweit die zu Beginn der Änderungsdurchführung definierten Zielgrößen erreicht wurden.

5 Das Management von Änderungen unter Nutzung moderner IuK-Technologien

Die Informations- und Kommunikationstechnologien haben, wie oben bereits angesprochen, in den letzten Jahren eine beispiellose Entwicklung erlebt, die bis in die Gegenwart andauert. Vier Trends sind im wesentlichen prägend für diese Entwicklung (vgl. Reichwald et al. 1997, S. 18f.):

- Kostenverfall von Prozessorleistung und Speichermedien

- Miniaturisierung durch Komponentenintegration

- Zunehmende informationstechnische Vernetzung

- Zusammenwachsen von Informationstechnik und Telekommunikation

Aus der Vielzahl von Informations- und Kommunikationsinfrastrukturen ragen zwei Technologien hervor, die gleichermaßen von allen vier Trends beeinflußt wurden - die Inter-/Intranet-Technologien.

Der Preisverfall bei Prozessorleistung und Speichermedien hat dazu geführt, daß vor allem Systeme im Bereich der Computernetzwerke, wie z. B. Server, Router und Gateways, einen Leistungs- und Funktionszuwachs erlebten, der die Möglichkeit eröffnete, leistungsfähigere Rechnernetze zu konzipieren und zu installieren. Das Internet als Verbund von Einzelnetzen ist damit auch unmittelbar von dieser Entwicklung betroffen.

Miniaturisierung durch Komponentenintegration bedeutet, daß Funktionen, die bisher von mehreren separaten Geräten erbracht wurden, in einigen wenigen Geräten implementiert sind. Plakatives Beispiel hierfür ist die Zusammenfassung von Telefon-, Fax- und Anrufbeantworterdienst in einem Kombigerät. Für die Entwicklung des Internet von besonderer Bedeutung ist der Trend bei Computern und Mobiltelefonen hin zu immer kleineren Geräten mit größerem Funktionsumfang. Diese ermöglichen in Kombination den Zugang zu Computernetzen, im speziellen zum Internet oder Unternehmensintranet, von jedem beliebigen Ort und erweitern damit deren Anwendungsbereiche um ein Vielfaches.

Der Trend hin zur vermehrten informationstechnischen Vernetzung rückte das Internet ins Zentrum des Interesses, da das Internet die derzeit einzige weltweit verfügbare Infra-

struktur darstellt, was vor dem Hintergrund zunehmender Globalisierung des Wettbe-
werbs und Verlagerung hin zum Informationswettbewerb von enormer Bedeutung ist.

Das Zusammenwachsen von Informationstechnik und Telekommunikation wird besonders deutlich an dem Bereich der Telefonie, der die Übertragung von Telefongesprächen
über ein Computernetzwerk beinhaltet. Regen Einsatz findet dieser Dienst bereits im
Internet, der vor allem für teure Ferngespräche genutzt wird.

Der besondere Rang, den die Inter-/Intranet-Technologien damit innerhalb der modernen Informations- und Kommunikations-Technologien einnehmen, rechtfertigt es, diese
als Repräsentanten für die Gesamtheit der Informations- und Kommunikations-
Technologien zu behandeln. Die weitere Betrachtung der Unterstützungspotentiale für
die Abwicklung technischer Änderungen konzentriert sich daher auf die Inter-/Intranet-
Technologien.

5.1 Grundlagen der Inter-/Intranet-Technolo-gien

Für die Analyse der Unterstützungleistung, die die Inter-/Intranet-Technologien für das
Management von Änderungen in standortverteilten Strukturen bieten können, ist es
zweckmäßig, zunächst die technische Seite dieser Technologien zu beleuchten. Im folgenden sollen daher die Grundzüge dieser Technologien erläutert werden.

5.1.1 Was versteht man unter den Begriffen Internet, Intranet und Inter-/Intranet-Technologien?

Das Internet ist ein offenes, globales Rechnernetz, das durch eine Verknüpfung von
Einzelnetzen entstanden ist. Es stellt auf Basis einer Client/Server-Architektur Dienste
zur Verfügung, die weltweit nutzbar sind. Charakteristisch für diese Architektur ist, daß

- ein Client einen Dienst von einem Server über definierte Schnittstellen anfordert
  und diesem die zur Ausführung nötigen Daten übergibt,

- der Server daraufhin den Dienst ausführt und

- dem Client über definierte Schnittstellen entweder den Vollzug meldet oder Er-
  gebnisdaten der Ausführung des Dienstes zurückgibt (vgl. Heinrich et al. 1995).

Dem Internet liegt ein Netzwerkmodell zugrunde, das ähnlich aufgebaut ist wie das
ISO-OSI-Schichtenmodell und auf der TCP/IP-Protokollfamilie basiert (siehe auch
Abbildung 5.1). Dadurch wird es möglich, daß Rechner mit vollkommen unterschiedli-

cher Hardwarestruktur, wie z. B. PCs, Workstations und Apple-Computer, und unterschiedlichster Software miteinander vernetzt werden können.

Im Gegensatz zum Internet ist ein Intranet ein privates Netzwerk auf Basis der Internet-Techniken, das hauptsächlich in Unternehmen Anwendung findet (vgl. z. B. Hallfell / Stammwitz 1997). Intranets können entweder völlig isoliert oder mit Zugang zum Internet realisiert werden, wobei geeignete Maßnahmen zum Schutz der Unternehmensdaten, wie z. B. Firewalls, implementiert werden.

Da beiden Netztypen die Internet-Technologie - damit wird die Summe der Anwendungsdienste mit ihren zugehörigen Protokollen bezeichnet (vgl. Wolff 1997) - zugrunde liegt, beziehen sich die weiteren Ausführungen auf Internet und Intranets gleichermaßen, auch wenn letztere nicht explizit angesprochen werden.

ISO/OSI-Schicht	TCP/IP-Schicht	Anwendungsdienste				
Anwendung		WWW	E-Mail	FTP	Usenet News	Telnet
Darstellung	Anwendung	Hypertext Transfer Protocol (HTTP)	Simple Mail Transfer Protocol (SMTP)	File Transfer Protocol (FTP)	Network News Transfer Protocol (NNTP)	Telnet Protocol (TP)
Sitzung						
Transport	Transport	Transmission Control Protocol (TCP)			User Datagram Protocol (UDP)	
Vermittlung	Internet	Internet Protocol (IP), Address Resolution Protocol (ARP), Internet Control Message Protocol (ICMP)				
Sicherung	Netzwerk Interface	Ethernet, Token Ring, Fiber Distributed Data Interface (FDDI), X.25, Asynchronous Transfer Mode (ATM) ...				
Bit-übertragung		Kupferkabel (koaxial, twisted pair), Lichtwellenleiter, Infrarot ...				

Quelle: Wolff (1997)

Abbildung 5.1: ISO-OSI-Referenzmodell und TCP/IP-Protokollfamilie

5.1.2 Standarddefinition für das Internet

Mit die bedeutendste Eigenschaft des Internet ist, daß es auf offenen Standards beruht, den sogenannten Requests for Comments (RFC). Das bedeutet zum einen, daß aktuell gültige Standards für jedermann jederzeit offen zugänglich sind und zum anderen, daß jedermann an der Verbesserung von Standards mitwirken kann.

Damit dieses Konzept in der Praxis auch durchführbar ist, gibt es eine Organisation, die die Prozedur der Standarddefinition koordiniert, das Internet Activities Board (IAB). Jeder Benutzer kann einen Vorschlag für einen Standard beim IAB einreichen, das daraufhin ein Subkomitee (eine sog. Internet Task Force) mit der Prüfung des Vorschlags betraut. Nach Abschluß dieser Prüfung erfolgt eine Klassifizierung des eingereichten Vorschlags, die darüber entscheidet, ob der Vorschlag als neuer Standard angenommen wird und seine Implementation in Betriebssysteme und Anwendungssoftware zwingend ist (vgl. hierzu z. B. Kyas 1994, S. 52f.). Aktuelles Beispiel ist die Diskussion verschiedener Vorschläge zur Version 6 des Internet Protocol (IP).

Durch die Offenlegung der Standards soll zum einen gewährleistet werden, daß Internetkomponenten verschiedener Hersteller zusammen funktionieren; zum anderen soll verhindert werden, daß proprietäre Standards die Benutzer zur Entscheidung für bestimmte Systeme und damit einen teilweisen Verzicht auf Funktionalität zwingen.

5.1.3 Die Dienste im Internet

Das Internet stellt eine Reihe von Diensten zur Verfügung, die über sog. Internet-Anwendungen genutzt werden können. Diese Anwendungen setzen auf den Protokollen der Anwendungsschicht des TCP/IP-Schichtenmodells (vgl. Abbildung 5.1) auf. Die wichtigsten Dienste sind (vgl. im folgenden z. B. Jaros-Sturhahn / Löffler 1995):

- World Wide Web (WWW)

- Electronic Mail (E-Mail)

- File Transfer

- Usenet News

- Telnet Sitzungen

5.1.3.1 World Wide Web (WWW)

Der bedeutendste Dienst des Internet ist zweifelsohne der WWW-Dienst. Das vom CERN entwickelte WWW ist ein verteiltes Hypertext-System. Es basiert auf dem Hypertext Transfer Protocol (HTTP), das der Übertragung von WWW-Seiten dient. Die WWW-Seiten selbst sind in der Hypertext Markup Language (HTML) verfaßt, die eine einfache Gestaltung der Seiten mit multimedialen Inhalten ermöglicht. Elemente können dabei Text, Bilder, Audioclips und Movies sein.

WWW-Seiten sind auf dedizierten Servern, den sog. WWW- oder Web-Servern, abgelegt. Möchte man den Inhalt einer Seite abrufen, so geschieht dies mittels eines WWW-Clients wie z. B. dem Netscape Navigator oder dem Internet Explorer. Um die gewünschte Seite eindeutig zu identifizieren, ist die Eingabe der URL (Uniform Ressource Locator) notwendig. Der WWW-Client fordert daraufhin die gewünschte Seite beim betreffenden WWW-Server an, der seinerseits alle zur Darstellung beim Benutzer benötigten Daten zurückliefert. Der WWW-Client interpretiert die übermittelten Daten und zeigt abschließend die Seite beim Benutzer an.

Der WWW-Dienst des Internet zeichnet sich auch dadurch aus, daß er als graphische Integrationsplattform für andere Dienste dient. So ist es beispielsweise möglich, mit Hilfe des WWW-Clients E-Mails zu versenden oder zu empfangen, Newsgroups zu besuchen oder Dateien von und zu anderen Rechnern mittels FTP zu transferieren.

Wesentlicher Einflußfaktor für den Erfolg des WWW-Dienstes ist die Möglichkeit zur Interaktion. Dem WWW-Dienst wurde hierzu eine Schnittstelle zur Seite gestellt, das sog. Common Gateway Interface (CGI). Dieses Interface ermöglicht die Übergabe von Daten von einem WWW-Client an einen Web-Server sowie das Anstoßen der Ausführung von Anwendungen auf einem Web-Server (vgl. Boutell 1996).

Das Haupteinsatzgebiet des CGI ist die Datenbankabfrage. Der Benutzer gibt in eine spezielle WWW-Seite, ein sog. HTML-Formular, Suchkriterien ein, die dann vom WWW-Client an den Web-Server übermittelt werden. Auf dem Web-Server wird dadurch die Ausführung einer speziellen Anwendung, eines sog. CGI-Skripts ausgelöst, das die eingegeben Daten auswertet und daraufhin eine Datenbankabfrage startet. Das Ergebnis der Datenbankabfrage wird vom CGI-Skript in eine HTML-Seite umkodiert und an den WWW-Client übersandt, der dem Benutzer die erhaltene Seite anzeigt.

Im Internet wird von CGI reger Gebrauch gemacht. Die bekanntesten Beispiele hierfür sind Suchmaschinen wie Altavista, Lycos oder Webcrawler. Sie ermöglichen die gezielte Suche von Information zu bestimmten Themen.

5.1.3.2 Electronic Mail (E-Mail)

Der E-Mail-Dienst ermöglicht die schnelle, gerichtete, asynchrone Übermittlung von Nachrichten auf elektronischem Wege. Analog zu einem Papierbrief besteht eine E-Mail aus dem eigentlichen Inhalt sowie der Empfängeradresse und kann nur vom Adressaten gelesen werden.

Durch den vor einiger Zeit eingeführten MIME-Standard (Multipurpose Internet Mail Extension) ist es möglich, mittels E-Mail multimediale Nachrichten zu übermitteln. Bestandteil einer E-Mail können damit neben formatiertem Text Grafiken, Videosequenzen und Audioclips sein. Darüber hinaus ist es möglich, Dateien beliebiger Formate an eine E-Mail anzuhängen (ein sogenanntes Attachment).

5.1.3.3 File Transfer

Mit Hilfe des File-Transfer-Dienstes, der auf dem File Transfer Protocol basiert, ist es möglich, Dateien zwischen zwei Rechnern zu transferieren. Haupteinsatzfeld dieses

Dienstes ist der Bezug von Software, zumeist aus dem Free- und Shareware-Bereich. Auf öffentlich zugänglichen FTP-Servern wird die Software zum Herunterladen hinterlegt. Der File-Transfer-Dienst eignet sich auch gleichermaßen für inner- und zwischenbetrieblichen Dokumentenaustausch.

5.1.3.4 Usenet News

Dieser Dienst läßt sich mit der Funkionsweise eines schwarzen Brettes vergleichen: Wer zu einem bestimmten Thema eine Frage hat oder eine Anmerkung machen möchte, schickt eine E-Mail an eine sog. Newsgroup. Eine Newsgroup kann als der Bereich des schwarzen Brettes für ein bestimmtes Themengebiet verstanden werden. Die Frage wird dann weltweit verbreitet und allen Usenet-Benutzern zugänglich gemacht. Möchte jemand auf eine Frage oder Bemerkung antworten, so kann er ebenfalls eine E-Mail an die betreffende Newsgroup schicken. Auf diese Weise wird es möglich, weltweit Wissen und Erfahrungen auszutauschen. Welche Bedeutung diesem Dienst beigemessen wird, zeigt sich beispielsweise daran, daß die Entwickler großer Softwarefirmen wie etwa IBM, Microsoft und SUN regelmäßig an den betreffenden Newsgroups partizipieren, um so von Benutzern Information über Fehler in ihren Softwareprodukten oder zusätzlich gewünschte Funktionalität zu erhalten.

5.1.3.5 Telnet Sitzungen

Der Telnet-Dienst ermöglicht es dem Anwender, seinen lokalen Rechner quasi als Fernsteuerung für einen entfernten Rechner zu verwenden. Der Benutzer muß sich hierzu am entfernten Rechner authentisieren und hat dann alle Anwendungsmöglichkeiten des fernen Rechners zur Verfügung. Anwendung findet der Telnet-Dienst beispielsweise bei der Literaturrecherche, bei der der entfernte Bibliotheksrechner fernbedient wird.

5.1.4 Neuere Entwicklungen

Das Internet war ursprünglich als Netzwerk für militärische Zwecke konzipiert worden und diente danach lange Zeit hauptsächlich Universitäten und anderen wissenschaftlichen Einrichtungen als Kommunikationsplattform (vgl. z. B. Kyas 1994, S. 29ff.). Die Einführung des Dienstes WWW hat dann dazu geführt, daß das Internet vermehrt für private und kommerzielle Zwecke genutzt wurde (vgl. z. B. Krol 1995, S. 22f.). Aufgrund seines Ursprungs aber war und ist das Internet bis heute nicht uneingeschränkt für letztgenannte Bereiche geeignet. Beispielhaft sei hier die Übermittlung von Kreditkartennummern zur Bezahlung von Waren genannt, für die kein Schutzmechanismus gegen Mißbrauch besteht. Die Behebung dieser Defizite wird allerdings als eine wichtige Aufgabe angesehen, was die große Zahl an aktuellen Entwicklungen in diesem Bereich widerspiegelt. Die wichtigsten sind:

5.1.4.1 Asynchronous Transfer Mode (ATM)

Die Anwendung, für die das Internet in seinen Anfängen konzipiert wurde, war die Übermittlung von Textdaten. Vor allem im Zuge der vermehrten privaten und kommerziellen Anwendung wuchs allerdings der Wunsch, auch Bilder, Videosequenzen und Audiodaten zu übertragen. Dies führte zu einem drastischen Ansteigen der zu übertragenden Datenmengen, wofür die Technik des Internet nicht ausgelegt ist, so daß neue Netzwerktechniken notwendig werden.

Derzeit am stärksten diskutiert wird Asynchronous Transfer Mode (ATM). Diese Übertragungstechnik beruht darauf, Daten in Paketen mit einer festen Länge asynchron zu transportieren, wodurch Datenraten bis zu mehreren 100 MBit/s möglich werden, die auch ressourcenverzehrende Anwendungen, wie z. B. Videokonferenzen erlauben (vgl. Schill 1995). Einziges Manko ist, daß Netzwerkkomponenten auf ATM-Basis bislang sehr teuer sind.

5.1.4.2 Java (Anwendungen, Applets und Servlets)

Java ist eine von der Firma SUN entwickelte, objektorientierte Programmiersprache, die die Erstellung plattformunabhängiger Software ermöglicht. Herausragendes Merkmal ist die umfassende Netzwerkunterstützung und das integrierte Datenbankinterface JDBC (Java Database Connectivity). Java ermöglicht dadurch die einfache Entwicklung einer großen Bandbreite von Anwendungssoftware, angefangen bei Anwendungen zur Erzeugung dynamischer WWW-Seiten, wie z. B. Bestandsabfragen bei Händlern bis hin zu kompletten Software-Suites zur Abwicklung größerer Transaktionen über das Internet wie z. B. Waren- oder Wertpapierkauf. Java ist damit eine Schlüsseltechnologie für die weitere Kommerzialisierung des Internet.

5.1.4.3 Javascript

Wie bereits angesprochen, kommt dem Internet-Dienst WWW eine zentrale Bedeutung zu. Im Zentrum der Kritik standen allerdings lange Zeit die unzureichenden Gestaltungsmöglichkeiten, die HTML zur Verfügung stellt. Ein Ansatz, um dieses Manko zu beheben, ist die Skriptsprache Javascript.

5.1.4.4 Secure Socket Layer (SSL), Secure Hypertext Transfer Protocol (SHTTP), Secure Electronic Transaction (SET), Pretty Good Privacy (PGP)

Wie oben bereits kurz angedeutet, ist das Thema Sicherheit die Achillesferse der Internet-Technologie. Im Zentrum der Diskussion steht dabei die unverschlüsselte Übertragung von Daten. Hacker haben damit ein leichtes Spiel, wenn es darum geht, sensitive Daten wie z. B. Benutzerkennungen, Paßwörter oder Kreditkartennummern auszuspionieren.

Eine Reihe von aktuellen Entwicklungen zielen daher auf die Verbesserung der Sicherheit im Internet ab. Die bedeutendsten sind hierbei das von der Firma Netscape entwickelte Secure Socket Layer (SSL) sowie das Secure Hypertext Transfer Protocol (SHTTP) – beides Verschlüsselungstechnologien auf Basis des Hypertext Transfer Protocols (HTTP), die zudem eine Authentisierung der Datenquelle erlauben. Des weiteren wurde ein Verfahren entwickelt, das vor allem bei Transaktionen Schutz bieten soll, die die Übermittlung sensitiver Daten beinhalten, wie z. B. Bankgeschäfte aller Art oder Warenkauf per Kreditkarte: das SET-Verfahren (Secure Electronic Transaction). Mit Pretty Good Privacy (PGP) steht zudem ein Softwaretool zur Verfügung, das für die Verschlüsselung von Dokumenten aller Art einsetzbar ist. Hauptanwendung findet es derzeit bei der Verschlüsselung von E-Mails.

5.2 Unterstützungspotentiale von Inter-/Intranet-Technologien für das Änderungsmanagement

Im vorigen Kapitel wurden Ansätze eines Änderungsmanagements aufgezeigt, die eine effektive und effiziente Abwicklung von technischen Änderungen ermöglichen sollen. Die folgende Darstellung befaßt sich nun mit der Frage, wie oben aufgezeigte Ansätze mit Hilfe von Inter-/Intranet-Technologien umgesetzt werden können.

5.2.1 Potentiale auf der Ebene der Organisation

5.2.1.1 Aufbauorganisation

Erweiterte Kommunikationsmöglichkeiten

In räumlich verteilten Organisationsstrukturen ist es von besonderer Bedeutung, Kommunikationskanäle zur Verfügung zu haben, die eine der jeweiligen Abstimmungsaufgabe angemessene Übertragung von Sach- und Beziehungsaspekt ermöglichen. Da der

Einsatz von Face-to-face-Kommunikation in diesen Strukturen nur schwer bis gar nicht möglich ist, ist es zudem von enormer Wichtigkeit, auf Ersatzkanäle (wie z. B. Videokonferenzen) zurückgreifen zu können, die eine annähernd so hohe Media Richness (vgl. oben) aufweisen.

Obige Anforderungen an Kommunikationsmedien haben im Rahmen des Änderungsprozesses besonders bei der Unterstützung von Teams im Sinne des Simultaneous Engineering oder unternehmensübergreifenden virtuellen Teams Relevanz. Es kann nämlich die Situation eintreten, daß sich einzelne Teammitglieder untereinander nicht kennen, so daß zwischen diesen erst die Beziehung geklärt werden muß, bevor Sachinformationen ungehindert fließen können (vgl. oben). Hierzu sind Medien mit hoher Media Richness erforderlich. Darüber hinaus besteht bei technischen Änderungen die Notwendigkeit, komplexe technische Sachverhalte zwischen den Teammitgliedern zu kommunizieren. Damit sind Medien notwendig, die z. B. den Austausch von CAD-Daten oder die Übermittlung von Konstruktionsskizzen unterstützen.

Welchen Beitrag können die Inter-/Intranet-Technologien zur Erfüllung derartiger Anforderungen leisten? Zentrale Bedeutung erlangen in diesem Zusammenhang die Dienste Electronic Mail und File Transfer. Ersterer ermöglicht die Übermittlung multimedialer Inhalte und den gerichteten Dateiversand, selbst über Unternehmensgrenzen hinweg. Letzterer kann die Möglichkeit des freien Dateizugriffs bereitstellen, der durch die Einrichtung eines FTP-Servers mit entsprechender Verzeichnis- und Rechtestruktur realisiert werden kann. Darüber hinaus bietet sich die Möglichkeit, daß Internet oder ein Unternehmens-Intranet als Übertragungsmedium für Videokonferenzen einzusetzen.

Erweitere Möglichkeiten der Information

Ein Kennzeichen moderner Organisationsstrategien ist eine Verflachung von Hierarchien, die eine Delegation von Entscheidungen an niedrigere Hierarchiestufen beinhaltet (vgl. z. B. Frese 1994). Da jeder Entscheidung die Phase der Informationsgewinnung und -verarbeitung vorausgeht (vgl. Frese 1995, S. 35), muß mit einer Delegation von Entscheidungen auch eine entsprechende informationstechnische Unterstützung einhergehen. Diese können die Inter-/Intranet-Technologien bereitstellen (vgl. auch von Kortzfleisch / Winand 1997).

Als Beispiel läßt sich an dieser Stelle die Entscheidung für den Bezug eines Werkzeugs von einem bestimmten Lieferanten anführen, die in der traditionellen Änderungsabwicklung vom Einkauf auf Anforderung durch den Projektleiter getroffen wird. Im Zuge der Delegation dieser Entscheidung an den Projektleiter muß sichergestellt werden, daß der Projektleiter bei der hierzu nötigen Informationssammlung ausreichend informationstechnisch unterstützt wird. Aus dem Spektrum der Inter-/Intranet-Technologien bietet sich hierbei der WWW-Dienst an, mit Hilfe dessen z. B. Angebote von Lieferanten im WWW eingeholt und miteinander verglichen werden können.

Ein weiterer Aspekt der Unterstützungspotentiale von Inter-/Intranet-Technologien für die Gestaltung der Aufbauorganisation ist die Hilfestellung bei der Suche nach geeigneten Kooperationspartnern. Derartige „Börsen" befinden sich allerdings erst in einem vagen Anfangsstadium.

5.2.1.2 Ablauforganisation

Workflow-Management

In Kapitel 4 wurde bereits angesprochen, daß moderne Workflow-Systeme ein standortübergreifendes Workflow-Management ermöglichen können. Die Inter-/Intranet-Technologien stellen dabei die Basis-Infrastruktur zur Verfügung, über die Client und Server miteinander kommunizieren. Dies setzt allerdings an allen Standorten systemspezifische Clients voraus, die in der Regel Lizenzgebühren verursachen. Zudem bleiben die weitreichenden Möglichkeiten, die die offenen Standards des Internet bieten, teilweise ungenutzt.

Eine alternative Implementation von Workflow-Management-Funktionaltät, die weitgehend auf den Standards des Internet basiert, stellen Reinhart / Brandner (1996) vor. Bestandteile dieses Systems sind dabei ein SQL-Datenbankserver mit Inter-/Intranet-Anschluß sowie ein WWW-Server. Auf Clientseite kommen konventionelle WWW-Browser zum Einsatz. Änderungsanträge beispielsweise sind in diesem System als WWW-Formulare abgebildet, die von einer Anwendung auf dem WWW-Server ausgewertet und der Datenbank hinzugefügt werden. Diese Anwendung sorgt zudem dafür, daß ein eingehender Antrag an alle Betroffenen verteilt sowie deren Urteil wieder in der Datenbank abgelegt wird. Ein Einbeziehen standortverteilter evtl. sogar unternehmensexterner Leistungsträger in das Workflow-Management ist damit problemlos möglich, da lediglich die Rechtestruktur angepaßt und auf Benutzerseite ein WWW-Browser eingesetzt werden muß.

Die digitale Repräsentation von Formularen kann zudem die mit der papierbasierten Änderungsabwicklung verbundene Zeitineffizienz reduzieren, da die Transportzeit der Formulare auf ein Minimum verkürzt wird. Voraussetzung hierfür sind allerdings Mechanismen, die eine eindeutige digitale Unterschrift ermöglichen.

Unterstützung von Concurrent / Simultaneous Engineering

Die parallele Entwicklung von Produkt und Produktionsmittel ist ein abstimmungsintensiver Prozeß zwischen Entwicklung, Fertigung und Montage. Der Einsatz der Inter-/ Intranet-Technologien im Rahmen eines Concurrent / Simultaneous Engineering muß demnach darauf abzielen, diese Abstimmungsvorgänge zu unterstützen.

Abstimmungsvorgänge lassen sich grob in zwei Kategorien einteilen, die asynchronen und die synchronen. Für erstere Kategorie bieten sich mehrere Unterstützungsmöglichkeiten an. Fertigungs- und montagebezogenes Spezialwissen kann z. B. in einer Wissensdatenbank abgelegt sein, auf die der Entwickler über ein WWW-Interface zugreifen kann. Anhand der so gewonnenen Information kann der Entwickler dann beurteilen, welche Auswirkungen die Wahl bestimmter Produkteigenschaften für Fertigung und Montage hat.

Daneben kann eine asynchrone Abstimmung zwischen Entwicklung, Fertigung und Montage über interne Newsgroups stattfinden. Dabei weisen die Newsgroups den positiven Nebeneffekt auf, daß durch die transparente Kommunikation Erfahrungen und Erkenntnisse eines Projektteams auch anderen (im Sinne von: zu anderen Änderungsprojekten zugehörig) zugänglich gemacht werden können.

Sowohl die Wissensdatenbank als auch die Newsgroups können so eingerichtet werden, daß - die entsprechende Berechtigung vorausgesetzt - der Zugang von außerhalb des Unternehmens möglich ist. Damit können Zulieferer und Kunden ohne großen technischen Aufwand in den Änderungsprozeß miteinbezogen werden, wodurch zusätzliches Know-how für das Erarbeiten der Änderungslösung zur Verfügung steht.

Synchrone Abstimmungsvorgänge finden idealerweise an der CAD-Repräsentation der Änderungslösung selbst statt. Hierzu ist es nötig, die einzelnen CAD-Systeme im Rahmen einer Computerkonferenz zu verbinden. Parallel zur CAD-Konferenz kann eine Audio-/Videokonferenz geschaltet werden, die eine zusätzliche Unterstützung des Abstimmungsvorgangs bewirkt. Das Internet bzw. ein Intranet stellen dabei die nötige Basis-Infrastuktur zur Verfügung. Eine Integration standortverteilter oder unternehmensexterner Akteure wie z. B. Entwickler eines Zulieferers oder Kunden ist zwar prinzipiell möglich, setzt allerdings den Einsatz systemspezifischer Software voraus, die in der Regel nicht an allen Standorten und bei unternehmensexternen Akteuren verfügbar ist.

Die oben aufgezeigten Ansätze ermöglichen damit die Umsetzung der Grundprinzipien der in Kapitel 4 näher erläuterten Methoden FMEA, DFM und DFA in räumlich verteilten Organisationsstrukturen.

5.2.2 Potentiale auf der Ebene der Information und Kommunikation

In Abschnitt 1.2.1 wurde bereits teilweise auf die erweiterten Möglichkeiten der Information und Kommunikation eingegangen, die die Inter-/Intranet-Technologien zur Verfügung stellen. Im folgenden soll dies komplettiert werden.

Verbesserung der innerbetrieblichen Information

Mit Hilfe der Inter-/Intranet-Technologien ist es möglich, neue Wege der innerbetrieblichen Information zu beschreiten. Die Übertragung bisher in gedruckter Form verbreiteter Information in ein Unternehmensintranet trägt dazu bei, diese Information leicht und schnell zugänglich zu machen und die mit ihrer Aktualisierung verbundenen Kosten zu reduzieren. Als Beispiele für derartige Information lassen sich Qualitätsmanagement-Handbücher, technische Dokumentation, Arbeitsanweisungen, Raumpläne und Telefonverzeichnisse (vgl. Hallfell / Stammwitz, 1997, S. 16) anführen.

Multimediale Information und Kommunikation

Durch die Einbindung von Bildern, Audio- und Videosequenzen etc. kann die Informationsdichte pro Informations- und Kommunikationsvorgang deutlich erhöht werden und so eine höhere Qualität der Informationsübertragung erreicht werden. Während traditionelle Kommunikationsmedien wie Telefon und Telefax nur begrenzt multimediatauglich sind, bietet der Einsatz der Inter-/Intranet-Technologien eine Reihe von Informations- und Kommunikationsdiensten an, die den umfassenden Einsatz von Multimedia erlauben.

Gerade bei der Problembeschreibung, wie sie in der Phase des Änderungsvorlaufs auftritt, kann durch multimediale Elemente eine deutlich präzisere Problemdarstellung erreicht werden. Wird beispielsweise ein Montageproblem festgestellt, so kann eine Videosequenz des betreffenden Montagevorgangs deutlich mehr Aufschluß über das Problem geben als eine rein textliche Beschreibung.

5.2.3 Potentiale auf der Ebene der Funktion

Unterstützung einer umfassenden Änderungsdokumentation

Die detaillierte Dokumentation technischer Änderungen ist zwingende Voraussetzung für ein funktionsfähiges prozeßbegleitendes Controlling, wie es im vorigen Kapitel vorgestellt wurde. Im einzelnen sind die folgenden Funktionen notwendig:

- Dokumentation verworfener Lösungsansätze

- Prozeßbegleitende Dokumentation

- Dokumentation abgeschlossener Änderungsvorgänge mit Möglichkeiten zur statistischen Analyse

Ein großes Manko heutiger Änderungsabwicklung ist die gleich zu Beginn stattfindende, sehr unstrukturiert ablaufende Phase der Lösungssuche und -auswahl. Zentrales Problem ist dabei eine mangelnde Aufzeichnung verworfener Lösungsansätze nebst der Begründung für deren Ablehnung. Folge dieser ist, daß bereits verworfene Lösungsansätze bei einer zu einem späteren Zeitpunkt notwendig werdenden Modifikation einer Änderungslösung erneut in Betracht gezogen werden.

Abhilfe könnte hier eine entsprechende Protokollierung der betreffenden Teamsitzung sein, in deren Rahmen die Lösungen diskutiert und verworfen wurden, die in einer Datenbank abgelegt wird und per Zugriff über einen WWW-Browser zur Verfügung steht.

Sinn und Zweck einer prozeßbegleitenden Dokumentation ist eine Verbesserung des Informationsstandes über den gegenwärtigen Status einer Änderung hinsichtlich Arbeitsschritt, Termineinhaltung, Kosten und evtl. aufgetretener Probleme. Derartige Informationen sind notwendig für die Kontrolle der Zielerreichung und dienen als Entscheidungsgrundlage für eventuelle Korrekturmaßnahmen. Gerade bei standortverteilter Änderungsabwicklung stehen diese Informationen aber dem Projektleiter nicht ohne weiteres zur Verfügung, so daß eine einheitliche Dokumentation eine unnötige Datenrecherche vermeiden hilft.

Die Realisierung dieser Dokumentationsfunktion kann beispielsweise durch ein WWW-Formular erfolgen, in das der Bearbeiter des betreffenden Arbeitsschritts die nötigen Informationen einträgt. Eine spezielle Anwendung sorgt anschließend dafür, daß die eingegebenen Daten in einer Datenbank abgelegt werden, auf die der Projektleiter mit einer entsprechenden Anwendung zugreifen kann. Idealerweise wird das Ausfüllen des betreffenden WWW-Formulars dadurch automatisch eingeleitet, daß dieser Vorgang in den betreffenden Workflow integriert wird.

Wie bereits oben erwähnt, beinhalten abgeschlossene Änderungsvorgänge ein hohes Maß an Information für die Verbesserung von Änderungsprozessen. Voraussetzung für einen nutzenbringenden Einsatz dieser Information ist allerdings deren systematische Erfassung und Aufbereitung sowie die Möglichkeit eines leichten und im Optimalfall jederzeit durchführbaren Zugriffs. Die im Rahmen der prozeßbegleitenden Dokumentation erhobenen Daten dienen dabei als Ausgangsbasis.

Eine konkrete praktische Umsetzung dieser Unterstützungsmöglichkeit wird im nachfolgenden Kapitel vorgestellt.

Unterstützung eines Konfigurationsmanagements

Der wichtigste hier verfolgte Aspekt eines Konfigurationsmanagements ist die Sicherstellung der Konsistenz der Produktdokumente. Eine mögliche Umsetzung dieser Funktion mit Hilfe der Inter-/Intranet-Technologien könnte dabei so aussehen, daß sämtliche Unterlagen in einer Datenbank abgelegt werden. Durch Kopplung der Dokumentverwaltung mit einem Workflow-System kann dann sichergestellt werden, daß noch nicht freigegebene Dokumente sowie alte Versionen von Produktdokumenten gesperrt werden.

Beitrag zur Realisierung einer lernenden Organisation

Die Unterstützung der Inter-/Intranet-Technologien für die Umsetzung des Konzepts der lernenden Organisation besteht darin, daß standortverteilt generiertes Wissen gebündelt und über eine dezentral nutzbare Plattform angeboten werden kann. Ziel ist dabei, daß jedes einzelne Mitglied der Organisation anhand der dargebotenen Information Schwächen in den Abläufen erkennt und sein Handeln entsprechend anpaßt. Realisierungsformen könnten hierbei z. B. projektbezogene Newsgroups oder Wissensdatenbanken innerhalb eines Unternehmens-Intranets sein, auf die mit Hilfe eines WWW-Browsers zugegriffen werden kann.

Aus- und Weiterbildung mittels Inter-/Intranet-Technologien (Computer Based Training)

In Zusammenhang mit dem Konzept der lernenden Organisation kommt der betrieblichen Aus- und Weiterbildung eine große Bedeutung zu. Hierzu können die Inter-/Intranet-Technologien v. a. aufgrund ihrer Eignung für die Darstellung multimedialer Inhalte eingesetzt werden (vgl. z. B. Hallfell / Stammwitz 1997, S. 15). Mögliche Anwendungen im Rahmen technischer Änderungsprozesse sind z. B. die Vorstellung neuer Fertigungs- und Montageverfahren in Form von WWW-Seiten mit integrierten Videosequenzen. Eine derartige Weiterbildungsmöglichkeit kann dann sowohl Mitarbeitern der Fertigung und Montage als auch der Konstruktion zur Wissenserweiterung dienen.

Anbieten / Nutzen von Dienstleistungen für die Produktentwicklung und Änderungsabwicklung über das Internet

Oben wurde bereits darauf hingewiesen, daß vor dem Hintergrund sich wandelnder wirtschaftlicher Rahmenbedingungen u. a. der Trend zum Outsourcing zu beobachten ist. In Zusammenhang mit den Geschäftsprozessen der Produktentwicklung und der Änderungsabwicklung sind hierbei der Fremdbezug von einzelnen Produktteilen oder ganzen Systemen sowie Dienstleistungen zu nennen. Aus dem Dienstleistungsbereich sind hierbei, wie oben bereits erwähnt, v. a. Know-How- und kapitalintensive Anwendungen von Interesse.

Eine Anbindung des Unternehmens ans Internet kann dabei einerseits die Möglichkeit bieten, geeignete Anbieter von Dienstleistungen zu finden, diese miteinander zu vergleichen und die Dienstleistung - je nach deren Art - evtl. sogar über das Internet in Anspruch zu nehmen und andererseits selbst eine Dienstleistung über das Internet anzubieten und zu erbringen. Hervorragend eignen sich hierfür alle diejenigen Anwendungen, die mit einem Datenaustausch zwischen Anbieter und Kunde verbunden sind, wie z. B. FEM-Analysen (vgl. Fischer et al. 1997, S. 49).

5.2.4   Potentiale auf der Ebene der Ereignisse

Die wichtigste Funktion, die im Zusammenhang mit Ereignissen als Auslöser von Prozeßschritten erfüllt werden muß, ist das rasche Erkennen deren Eintretens. Die Verwendung WWW-basierter Formulare bietet hierzu eine gute Möglichkeit, da der Transport zwischen den Standorten entfallen kann. Verknüpft man die Fertigstellung eines Formulars zudem mit dem automatischen Versand einer E-Mail, so kann die Zeitspanne zwischen dem Auftreten eines Ereignisses und dessen Erkennen auf ein Minimum reduziert werden. Als Einsatzbeispiel bietet sich die Erstellung eines neuen Änderungsantrags geradezu an.

Alternativ kann durch Einsatz eines Workflow-Systems auf Inter-/Intranet-Basis ebenfalls die Wahrnehmung von Ereignissen zu verbessert werden.

5.3   Bewertung des Einsatzes von Inter-/Intranet-Technologien im Rahmen des Änderungsmanagements

Bisher wurden nur die Möglichkeiten aufgezeigt, die die Inter-/Intranet-Technologien zur Unterstützung der Abwicklung technischer Änderungen anbieten können. Die Frage, die sich damit anschließt, ist, ob der Einsatz von Inter-/Intranet-Technologien auch einen Nutzenzuwachs für das Änderungsmanagement eines Unternehmens bewirken kann. Eine Antwort auf diese Frage führt zum Komplex der Wirtschaftlichkeitsbewertung von IuK-Technologien, die allerdings - wie noch zu sehen sein wird - keine triviale Aufgabe ist.

Inhalt dieses Abschnitts wird daher zunächst eine Erörterung der Bewertungsproblematik und den sich aus ihr ergebenden Konsequenzen sein. Anschließend wird dann ver sucht, eine Bewertung des Einsatzes von Inter-/Intranet-Technologien im Änderungs-management durchzuführen.

5.3.1 Die Bewertungsproblematik des Einsatzes von IuK-Technologien und ihre Konsequenzen

Folgende beispielhafte Fragestellungen sollen vorweg Aspekte aufzeigen, die im Rahmen einer Bewertung von IuK-Technologien Probleme aufwerfen:

- Wie läßt sich die Imageveränderung eines Unternehmens durch Präsenz im World Wide Web bestimmen?

- Wie kann der wirtschaftliche Nutzen gemessen werden, den die Beschleunigung des Zugriffs auf Informationen beinhaltet?

- Wie ist die Möglichkeit zu bewerten, einen vorher nicht oder nur schwer erreichbaren Kommunikationspartner durch Einführung neuer IuK-Medien besser oder überhaupt kontaktierbar zu bewerten?

- Wie läßt sich die Wirkung der IuK-Einführung auf vor-, nach- oder nebengelagerte Prozesse erfassen?

Diese Beispiele machen bereits deutlich, daß eine rein monetäre Bewertung von IuK-Systemen deren vollen Nutzeneffekt nur unzureichend widerspiegeln kann. Damit sind die klassischen Investitionsrechenverfahren, die auf dem traditionellen Wirtschaftlich-keitsbegriff und damit auf der Ermittlung einer monetären Zielgröße beruhen (vgl. Reichwald / Höfer / Weichselbaumer 1996, S. 72) für eine Bewertung von IuK-Systemen ungeeignet. In der betrieblichen Praxis finden sie aber dennoch rege Anwendung bei der Beurteilung von IuK-Vorhaben (vgl. Reichwald / Höfer / Weichselbaumer 1996, S. 107).

Die Frage, die sich somit ergibt, ist, wie IuK-Systeme geeignet bewertet werden können. Hierzu ist zunächst die volle Bewertungsproblematik zu beleuchten. Für eine Systematisierung der Bewertungsprobleme schlagen Picot / Reichwald / Wigand (1996, S. 189f.) sechs Problemkategorien vor:

(1) Maßgrößenproblem: Welche Maßgrößen bzw. Indikatoren spiegeln Aufwands- und Nutzeneffekte genau wider?

(2) Situationsproblem: Welche Auswirkungen haben spezifische Situationsbedingungen auf die Wirtschaftlichkeit?

(3) Verbundproblem: In welchen Teilen des arbeitsteiligen Leistungsverbundes der Unternehmung treten die für die Wirtschaftlichkeitsbeurteilung relevanten Effekte auf?

(4)   Zurechnungsproblem: Wie lassen sich zeitlich verzögerte oder räumlich verteilte Wirtschaftlichkeitseffekte zurechnen?

(5)   Innovationsproblem: Wie lassen sich innovative Anwendungen neuer Technik bewerten, die über die reine Substitution traditioneller Arbeitsverfahren hinausgehen?

(6)   Ganzheitlichkeitsproblem: Wie können komplexe Wechselbeziehungen im organisatorisch-technisch-personellen Gesamtsystem in der Wirtschaftlichkeitsbeurteilung Berücksichtigung finden?

Für eine umfassende Bewertung von IuK-Systemen muß ein Bewertungsverfahren demnach oben aufgezeigte Problemkreise angemessen berücksichtigen. Wie oben bereits erwähnt, erfüllen die klassischen Verfahren der Investitionsrechnung diese Bedingung nicht. Zahlreiche neuere Ansätze zur Bewertung, die unter dem Begriff der erweiterten Wirtschaftlichkeit subsumiert werden, versuchen die Defizite der klassischen Verfahren v. a. in Bezug auf die Bewertung der Verbundwirkung von IuK-Systemen zu beseitigen. Einen Überblick über derartige Verfahren geben Reichwald / Höferer / Weichselbaumer (1996, S. 76).

5.3.2   Ansatz zur Bewertung

Die Anwendung der in der Literatur vorgestellten Verfahren zur erweiterten Wirtschaftlichkeitsbewertung würde den Rahmen dieser Diplomarbeit bei weitem sprengen. Zudem müßten hierfür weitergehende Annahmen über die Rahmensituation getroffen werden, die eine Einschränkung der Allgemeinheit zur Folge haben würden. Aus diesem Grund soll die Bewertung in Form einer einfachen Gegenüberstellung von Chancen und Risiken des Einsatzes von Inter-/Intranet-Technologien im Rahmen des Änderungsmanagements erfolgen, die auf den Grundgedanken der erweiterten Wirtschaftlichkeitsbewertung basiert: Der gleichrangigen Berücksichtigung von Humankriterien, ökonomischen und gesellschaftlichen Kriterien.

5.3.2.1   Chancen des Einsatzes der Inter-/Intranet-Technologien

Realisierung von Zeit- und Kosteneinsparungen

Alle oben beschriebenen Potentiale der Inter-/Intranet-Technologien wirken auf eine Prozeßharmonisierung hin, die sich in einer Effizienzsteigerung der technischen Änderungsabwicklung äußert. Hieraus resultiert letztendlich eine Freisetzung bisher durch

Änderungen gebundener Unternehmenskapazitäten v. a. im Bereich der Forschung und Entwicklung, die für neue Entwicklungsvorhaben genutzt werden können.

Erleichterung überbetrieblicher Kooperation

Die Inter-/Intranet-Technologien sind plattformübergreifend, d. h. sie sind nicht an bestimmte Hard- und Software gebunden, und basieren auf weltweit akzeptierten und verbreiteten, zukunftssicheren Standards. Unter allen verfügbaren Technologien stellen sie damit die für eine Kopplung heterogener DV-Landschaften, wie sie bei der Kooperation diverser Unternehmen anzutreffen sind, die am besten geeignete Technologie dar.

Unterstützungspotential auch für andere Prozesse

Die Inter-/Intranet-Technologien bieten nicht nur Unterstützungspotential für technische Änderungsprozesse, sondern können auch zu einer Verbesserung von Produktentwicklungs-, Marketing-, Vertriebsprozessen etc. führen. Eine Investition in diese Technologien führt damit zu vielfältigen Nutzeneffekten auch außerhalb technischer Änderungsprozesse. Besonders hervorzuheben sind dabei Möglichkeiten zur Effizienzsteigerung durch Vereinfachung und Beschleunigung von Standardprozessen wie z. B Online-Bestellungen (vgl. Beck et al. 1997, S. 130).

Verstärkte Aktivität der Mitarbeiter

Die Nutzung der Inter-/Intranet-Technologien zieht eine Veränderung im Benutzerverhalten nach sich, die sich v. a. in einer verstärkten Selbständigkeit der Mitarbeiter bei der Durchführung von Arbeitsschritten äußert (von Winand / Kortzfleisch 1997, S. 32). Positive Auswirkungen hat dies v. a. auf Abstimmungsprozesse, deren Harmonisierung vor dem Hintergrund standortverteilter Leistungserstellung besondere Bedeutung erlangt.

Zunehmende Anzahl von Inter-/Intranet-basierten Applikationen

Die weite Verbreitung und Akzeptanz der Internet-Standards führt dazu, daß eine wachsende Zahl von Software-Applikationen Funktionalität bietet, die über Inter-/Intranet genutzt werden können. Damit kann ein immer größerer Teil der Unternehmensaufgaben standortverteilt bewältigt werden (vgl. Beck et al. 1997, S. 130).

Geringe Kosten für Inter-/Intranet-Arbeitsplatz

Die Kosten für die Einrichtung eines Inter-/Intranet-Arbeitsplatzes belaufen sich im wesentlichen auf die Anschaffungskosten für Hard- und Software, die in der Größenordnung von DM 3.000 - 5.000 liegen. Da Computernetze in Unternehmen weit verbreitet sind, ist die benötigte Hard- und Software evtl. bereits vorhanden, so daß nur noch Servicekosten anfallen.

5.3.2.2 Risiken und Grenzen des Einsatzes der Inter-/Intranet-Technologien

Sicherheitsprobleme

An erster Stelle der Risiken sind Probleme der Sicherheit zu nennen, die das Eindringen von Fremden in das Unternehmensnetzwerk sowie die Datenspionage infolge eines Datenverkehrs über unsichere Datenleitungen wie das Internet beinhalten. Sicherheitskonzepte wie Firewall-Systeme bieten zwar einen gewissen Schutz (vgl. z. B. Krause / Doblies 1996), verursachen aber Investitions- und z. T. hohe Servicekosten. Der Einsatz einer Firewall kann zudem eine Beeinträchtigung der Funktionalität zur Folge haben.

Die in Abschnitt 5.1.4.4 angesprochenen neueren Software-Entwicklungen zur Verbesserung der Sicherheit bieten zwar mittlerweile einen guten Schutz, ihnen haftet aber der Nachteil an, daß es immer noch keinen gültigen Standard gibt, so daß der Einsatz mehrerer Verfahren notwendig ist, um umfassenden Datenaustausch betreiben zu können.

Schulung der Mitarbeiter notwendig

Die beste Technologie hat keinen Nutzen, wenn sie nicht richtig eingesetzt wird. Deshalb ist parallel zur Einführung eine Schulung der Mitarbeiter notwendig. Diese kostet zum einen Geld, zum anderen stehen die Mitarbeiter während der Schulung nicht zur Verfügung. Zudem ist nicht garantiert, daß die Schulung alle Wissensdefizite hinsichtlich des richtigen Einsatzes der Technologie beseitigt.

Akzeptanz der neuen Technologie

Eine ernstzunehmende Hürde bei der Einführung der Inter-/Intranet-Technologien ist auch die Akzeptanz neuer technischer Systeme durch die Mitarbeiter. Gerade unter den Älteren besteht zum Teil eine konservative Denkhaltung gepaart mit gewisser Skepsis gegenüber der neuen Technologie, die zu deren vollständiger Ablehnung führen kann, wodurch jegliche Nutzeneffekte zunichte gemacht werden würden.

Problem der Informationsflut

Die mit Einführung der Inter-/Intranet-Technologien zugängliche Fülle an Information kann auch den negativen Nebeneffekt haben, daß die Suche nach Information uneffektiv und ineffizient wird. Gerade bei Informationsrecherchen im Internet kann dieses Problem auftreten, da Suchmaschinen oft unbefriedigende Abfrageergebnisse liefern, die

Folgerecherchen notwendig machen (vgl. Beck et al. 1997, S. 130). Dabei ist allerdings keineswegs garantiert, daß die gewünschte Information auch tatsächlich gefunden wird.

Mechanismen zur Datensicherung notwendig

Der Einsatz der Internet-/Intranet-Technologien zieht nach sich, daß ein Großteil der änderungsbezogenen Daten in elektronischer Form gespeichert wird. Dies macht die Installation von wirksamen Mechanismen zum Schutz gegen Datenverlust notwendig. Derartige Systeme sind allerdings teuer und bieten mittlerweile zwar einen wirksamen, aber keinen vollkommenen Schutz gegen Datenverlust.

5.3.2.3 Fazit der Bewertung

Obwohl die Chancen die Risiken überwiegen, kann dem Einsatz der Inter-/Intranet-Technologien im Rahmen technischer Änderungsprozesse nicht uneingeschränkt zugestimmt werden. Auch wenn die Sicherheitsproblematik nur einen Aspekt möglicher Risiken darstellt und es keine 100%-ige Sicherheit geben kann, geben änderungsbezogene Daten Aufschluß über die wahre Leistungsfähigkeit eines Unternehmens und können, wenn sie in falsche Hände geraten, großen Schaden verursachen. Der Einsatz der Inter-/Intranet-Technologien ist daher nur unter verhältnismäßig hohem Aufwand für Sicherheit anzuraten.

6   Resümee und Ausblick

Im Rahmen dieser Arbeit wurde untersucht, ob und in welchem Umfang moderne Informations- und Kommunikationstechnologien – hier repräsentiert durch die Inter-/Intranet-Technologien – die standortverteilte Abwicklung von technischen Änderungen unterstützen können. Dabei hat sich gezeigt, daß diese in vielfältiger Weise zu einer Prozeßverbesserung beitragen können. Wesentliche Aspekte sind hierbei:

• Unterstützung kooperativer Organisationsformen

• Beitrag zur Realisierung organisatorischen Lernens

• Erleichterung eines überbetrieblichen Prozeß- und Datenmanagements

• Verbesserung von Abstimmungsprozessen, insbesondere durch Kommunikationskanäle mit erhöhter Media Richness

Daneben bleiben aber Probleme bestehen, die mit Hilfe der Inter-/Intranet-Technologien kaum oder gar nicht vermieden werden können. Hierzu zählen:

• Problematik standortverteilter Personalführung

• Abbau von Effizienzverlusten infolge unterschiedlicher Unternehmenskulturen

• Reibungsverluste infolge unterschiedlicher Wissensstände bei den Kooperationspartnern

Welche Bedeutung werden das Änderungsmanagement einerseits und die Inter-/Intranet-Technologien andererseits in Zukunft haben? Immer kürzer werdende Produktzyklen sowie eine weiter steigende Marktdynamik stellen in Zukunft noch höhere Anforderungen an die Innovationskraft eines Unternehmens. Diesen Anforderungen wird man aber nicht gerecht werden können, wenn ein Teil der Kapazitäten – v. a. im Bereich der Forschung und Entwicklung – permanent mit Änderungen belegt ist (vgl. Reichwald / Conrat 1996, S. 398). Ein Änderungsmanagement, das eine effektive und effiziente Abwicklung von Änderungen ermöglicht, wird damit wichtiger denn je.

Entwicklungen im Bereich der Informations- und Kommunikationstechnik lassen sich, so hat es die Vergangenheit gezeigt, nur kurzfristig vorhersagen. Anhand der Vision des „Information Highway" läßt sich aber in etwa ablesen, welche Richtung die Entwicklung der Inter-/Intranet-Technologien einschlagen wird. Sicher dürfte dabei sein, daß die

Kommunikationsinfrastruktur – insbesondere des Internet – weiter verbessert und die Entwicklung der Inter-/Intranet-Technologien weiter vorangetrieben wird, v. a. was den Bereich der Sicherheit anbelangt. Sie werden damit ein wichtiger Bestandteil von Lösungsansätzen für die telekooperative Leistungserstellung und bieten sich damit in Zukunft verstärkt als Baustein für ein effektives und effizientes Änderungsmanagement an.

Literaturverzeichnis

Allen, T.-J. (1984): Managing the flow of technology: Technology transfer and the dissemination of technological information within R&D organizations, Cambridge (Mass.): MIT Press, 1984

Antweiler, J. (1995): Wirtschaftlichkeitsanalyse von Informations- und Kommunikationssystemen auf Basis von Wirtschaftlichkeitsprofilen, in: IM Information Management & Consulting 10 (1995) Nr. 4, S. 56 - 64

Beck, A. / Franz, T. / Maltz, P. (1997): Managen in Zeiten des Cyberspace, in: Manager Magazin 27 (1997) Nr. 3, S. 118 - 135

Beyse, C. / Möll, G. (1997): Konfliktfeld Produktstruktur: Ein blinder Fleck ingenieurwissenschaftlicher Rationalisierungsstrategien, in VDI-Z 139 (1997) Nr. 10, S. 23 - 25

Boutell, T. (1996).: CGI programming in C & Perl, Reading, Mass. [u.a.]: Addison-Wesley, 1996

Bullinger H.-J. (1993): Leitvortrag, in: Wege aus der Krise - Geschäftsprozeßoptimierung und Informationslogistik, Berlin: Springer, 1993

Bullinger, H.-J. / Brettreich-Teichmann, W. / Gigoin, G. / Schäfer, M. / Wiedmann, G. (1996): Management kreativer Unternehmen: Die Beherrschung von Strukturen und Prozessen lernender Organisationen, in: Bullinger (Hrsg.): Lernende Organisationen: Konzepte, Methoden und Erfahrungsberichte, Stuttgart: Schäffer-Poeschl, 1996, S. 15 - 39

Bullinger H.-J. (1997): Umbruch in den Unternehmensstrukturen: Virtuelle Unternehmen - ein Organisationskonzept der Zukunft, in: technologie & management 46 (1997) Nr. 4, S. 8 - 11

Bullinger H.-J. / Wasserloos G. (1990): Reduzierung der Produktentwicklungszeiten durch Simultaneous Engineering, in: CIM Management 6 (1990) Nr. 6, S. 4 - 12

Clark, K. B. / Fujimoto T. (1991): Product Development Performance, Boston/Mass.: Harvard Business School Press, 1991

Conrat, J.-I. (1997): Änderungskosten in der Produktentwicklung, München: Technische Universität, bisher unveröffentlichte Dissertation

Daft, R. L. / Lengel, R. H. (1984): Information Richness: A New Approach to Managerial Behavior and Organization Design, in: Staw, B. M. / Cummings, L. L. (Hrsg.): Research in Organisational Behavior, Nr. 6, 1984, S. 191 - 233

Dietrich, U. / von Lukas, U. / Morche, I. (1996): Telekooperation in der Produktentwicklung, in: ZWF 91 (1996) Nr. 12, S. 594 - 596

Dietrich, U. / von Lukas, U. / Morche, I. (1996): Telekooperation in der Produktentwicklung, in: ZWF 91 (1996) Nr. 12, S. 594 - 596

DIN 199 Teil 4 (1981): Deutsches Institut für Normung (Hrsg./ 1981): DIN 199 Teil 4: Begriffe im Zeichnungs- und Stücklistenwesen - Änderungen, Berlin: Beuth, 1981

DIN 6789 Teil 3 (1990): Deutsches Institut für Normung (Hrsg./ 1990): DIN 6789 Teil 3: Dokumentationssystematik - Änderungen an Dokumenten und Gegenständen - allgemeine Anforderungen, Berlin: Beuth, 1990

DIN 66021 Teil 1 (1983): Deutsches Institut für Normung (Hrsg./ 1983): DIN 66021 Teil 1: Prozeßrechensysteme: Begriffe, Berlin: Beuth, 1983

Dörr, R. (1977): Technische Änderungen - Quelle des Fortschritts oder nur ein kostspieliges Ärgernis?, in: Fortschrittliche Betriebsführung und Industrial Engineering 26 (1977) Nr. 1, S. 35 - 40

Eversheim, W. / Gässler, R. / Kampmeyer, J. / Nöller, C. / Schuth, S. (1996): Telekooperation schafft Wettbewerbsvorteile, in: io Management Zeitschrift 65 (1996) Nr. 5, S. 19 - 23

Eversheim, W. / Warnke, L. / Schröder, T. (1997): Änderungsmanagement in Entwicklungskooperationen, in: VDI-Z 139 (1997) Nr. 3, S. 60 - 63

Ferdows, K.: Making the Most of Foreign Factories, in: Harvard Business Review, 75 (1997) Nr. 3/4, S. 73 - 88

Fischer, D. / Nogge, W. / Schumacher, O. (1997): Kürzere Produktentwicklungszeiten durch den Einsatz von Telekommunikationsdiensten, in: VDI-Z 139 (1997) Nr. 7/8, S. 48 - 51

Frese, E. (1994): Aktuelle Organisationskonzepte und Informationstechnologie, in: Management & Computer, 2 (1994) Nr. 2, S. 129 - 134

Frese, E. (1995): Grundlagen der Organisation: Konzept - Prinzipien - Strukturen, 6., überarbeitete Auflage, Wiesbaden: Gabler, 1995

Fromm, H. (1993): Dynamische Modelle zur Analyse und Optimierung von Geschäftsprozessen, in: Bullinger, H.-J./Warnecke, H.-J. (Hrsg.): Wege aus der Krise - Geschäftsprozeßoptimierung und Informationslogistik, Berlin: Springer, 1993

Gertz, W. (1997): „Kein Schlüssel zum Reich der Freiheit", in: teleworx 1 (1997) Nr. 3, S. 21

Goecke, R. / Hesch, G. (1997): Tele-Arbeits- und -Service-Center: Keimzellen virtueller Unternehmen, in: Office Management 45 (1997) Nr. 3, S. 46 - 48

Götzer, K. (1997): Workflow: Unternehmenserfolg durch effizientere Arbeitsabläufe, 2. Auflage, München: Computerwoche-Verlag, 1997

Groditzki, G. (1989): Entwicklung und Einführung von CIM-Systemen (Teil 1), in: CIM Management 5 (1989) Nr. 2

Hallfell, F. / Stammwitz, G. (1997): Intranets: Offene Informationssysteme im Unternehmen, in Management & Computer, 5 (1997) Nr. 1, S. 11 - 18

Haug, W./ Korge, A. (1993): Erstellung und Änderungsdienst bei Stücklisten und Arbeitsplänen - Integriertes Planungs-Eintakter-System IPES - Das zukunftsweisende Konzept der Porsche AG, in: Bullinger, H.-J. (Hrsg.): Kundenorientierte Produktion - Wettbewerbsfaktor Arbeitsorganisation, Tagungsband zum 2. IAO-Forum, Stuttgart 12.-13. Mai 1993, S. 47 - 68

Hayes, R./ Clark K. (1987): Warum manche Fabriken produktiver sind als andere, in: Harvard Manager (1987) Nr. 2, S. 90 - 98

Heinen, E. (1991): Industriebetriebslehre als entscheidungsorientierte Unternehmensführung, in: Heinen E. (Hrsg.): Industriebetriebslehre, 9. Auflage, Wiesbaden: Gabler, 1991, S. 3 - 69

Heinrich, L. / Damschik, I. / Gappmaier, M. / Häntschel I. (1995): Informationsgewinnung für das strategische Technologiemanagement durch Laborstudien, in: IM Information Management & Consulting 10 (1995) Nr. 4, S. 42 - 49

Horváth, P. (1991): Controlling, 4., überarbeitete Auflage, München: Vahlen, 1991

Jaros-Sturhahn, A. / Löffler, P. (1995): Das Internet als Werkzeug zur Deckung des betrieblichen Informationsbedarfs, in: IM Information Management & Consulting 10 (1995) Nr. 1, S. 6 - 13

Jost, W. (1994): ARIS-Toolset: Eine neue Generation von Reengineering-Werkzeugen, in: Schriften zur Unternehmensführung, Band 53: Prozeßorientierte Unternehmensmodellierung, Wiesbaden: Gabler, 1994, S. 77 - 99

Kämpf, R. Wilhelm, B. (1994): Vom fraktalen Unternehmen zum kooperativen Standortverbund, in: io Management 63 (1994) Nr. 6, S. 47 - 50

Kappler, E. / Rehkugler H. (1991): Konstitutive Entscheidungen, in: Heinen E. (Hrsg.): Industriebetriebslehre, 9. Auflage, Wiesbaden: Gabler, 1991, S. 73 - 237

Karl, H. (1997): Neugestaltung überbetrieblicher Produktentstehung, in: ZWF 92 (1997) Nr. 4, S. 161 - 164

Keller, G./ Meinhardt, S. (1994): Business process reengineering auf Basis des SAP R/3-Referenzmodells, in: Schriften zur Unternehmensführung, Band 53: Prozeßorientierte Unternehmensmodellierung, Wiesbaden: Gabler, 1994, S. 35 - 62

Kieser, A. (1993): Organisationstheorien, Stuttgart u. a.: Kohlhammer, 1993

von Kortzfleisch, H. F. O. / Winand, U. (1997): Kooperieren und Lernen im Intranet, in: IM Information Management & Consulting 12 (1997) Nr. 2, S. 28 - 35

Krause, F.-L. / Jansen, H. / Kiesewetter, T. (1996): Verteilte, kooperative Produktentwicklung, in: ZWF 91 (1996) Nr. 4, S. 147 - 151

Krause, F.-L. / Doblies, M. (1996): Sicherheitsaspekte Internet-basierter Informationssysteme, in: ZWF 91 (1996) Nr. 7/8, S. 344 - 346

Krol, E. (1995): Die Welt des Internet, Bonn: O'Reilly/International Thompson Verlag, 1995

Kühnle, H. (1997): Das lernende Produktionsunternehmen - die Organisationsentwicklung geht weiter, in: VDI-Z 139 (1997) Nr. 10, S. 18 - 22

Kuemmerle, W. (1997): Building Effective R&D Capabilities Abroad, in: Harvard Business Review, 75 (1997) Nr. 3/4, S. 61 - 70

Kyas, O. (1994): Internet: Zugang, Utilities, Nutzung, Bergheim: DATACOM-Verlag 1994

Lindemann, U. / Reichwald, R. (1998): Integriertes Änderungsmanagement, Berlin: Springer, 1998

Linden, F. A. (1997): Daimler-Benz: Auf der Kippe, in: Manager Magazin, 27 (1997) Nr. 12, S. 14 - 16

Luczak, H. / Springer, J. / Herbst, D. / Schlick, C. / Stahl, J. (1995): Kooperative Konstruktion und Entwicklung, in: Reichwald, R. / Wildemann, H. (Hrsg.): Kreative Unternehmen: Spitzenleistungen durch Produkt- und Prozeßinnovationen, Stuttgart: Schäffer-Poeschel, 1995, S. 119 - 163

Madauss, B. (1994): Handbuch Projektmanagement, 5., überarbeitete und erweiterte Auflage, Schäffer-Poeschel, 1995

Martial, F. / Matthes, J. (1993): Optimierung von Geschäftsprozessen in indirekten Bereichen: Beispiel Änderungswesen, in: VDI-Z 135 (1993) Nr. 10, S. 38 - 43

Nölting, A. (1997): Interne Fusion, in: Manager Magazin 27 (1997) Nr. 4, S. 42 - 44

o. V. (1997): AOL und Compuserve: Ehe mit Hindernissen, in: Computerwoche 24 (1997) Nr. 37, S. 1 - 2

Picot, A. (1985a): Integrierte Telekommunikation und Dezentralisierung in der Wirtschaft, in: Kaiser, W. (Hrsg.): Integrierte Telekommunikation, Berlin: Springer, 1985, S. 484 - 498

Picot, A. (1985b): Kommunikationstechnik und Dezentralisierung, in: Ballwieser, W. (Hrsg.): Information und Wirtschaftlichkeit, Wiesbaden: Gabler, 1985, S. 377 - 402

Picot, A. (1993): Organisation, in: Bitz, M. (Hrsg.): Vahlens Kompendium der Betriebswirtschaftslehre, Band 2, 3., überarbeitete und erweiterte Auflage, München: Vahlen, 1993, S. 101 - 174

Picot, A. / Dietl, H. / Franck, E. (1997): Organisation: Eine ökonomische Perspektive, Stuttgart: Schäffer-Poeschel, 1997

Picot, A. / Reichwald, R. / Wigand, R. (1996): Die grenzenlose Unternehmung: Information, Organisation und Management, Wiesbaden: Gabler, 1996

Reichwald, R. / Conrat, J.-I. (1994): Vermeidung von Änderungskosten durch Integrationsmaßnahmen im Entwicklungsbereich, in: Zülch (Hrsg.): Vereinfachen und verkleinern: Die neuen Strategien in der Produktion, Stuttgart: Schäffer-Poeschel, 1994

Reichwald, R. / Conrat, J.-I. (1995): Integrationslösungen für die Produktentwicklung: Eine Wirtschaftlichkeitsbetrachtung auf der Basis von Änderungskosten, in: VDI-Z 137 (1995) Nr. 5, S. 58 - 60

Reichwald, R. / Conrat, J.-I. (1996): Engineering Change Data Management: Ein Ansatz zur Prozeßoptimierung in der Produktentwicklung, in: ZWF 91 (1996) Nr. 9, S. 398 - 401

Reichwald, R. / Möslein, K. / Sachenbacher, H. / Englberger, H. / Oldenbourg, S. (1997): Telekooperation, Berlin: Springer, 1997

Reinhart, G. / Brandner, S. (1996): Integration von Zulieferern in das Daten- und Prozeßmanagement, in: ZWF 91 (1996) Nr. 9, S. 391 - 394

Rinza, P. (1994): Projektmanagement: Planung, Überwachung und Steuerung von technischen und nichttechnischen Vorhaben, 3., neubearbeitete Auflage, Düsseldorf: VDI-Verlag, 1994

Saynisch, M. (1984): Konfigurationsmanagement: Konzepte, Methoden, Anwendungen und Trends, in: Schelle, H. / Reschke, H. / Schnopp, R. / Schub, A. (Hrsg.): Projekte erfolgreich managen, Loseblattsammlung der Gesellschaft für Projektmanagement, Köln: Verlag TÜV Rheinland 1984

Scheer, W.-A. (1995): Wirtschaftsinformatik: Referenzmodelle für industrielle Geschäftsprozesse, 6., durchgesehene Auflage, Berlin [u.a.]: Springer, 1995

Schill, A. (1995): Multimedia-Anwendungen und moderne Telekommunikationssysteme, in: IM Information Management & Consulting 10 (1995) Nr. 4, S. 26 - 33

Schmelzer, H. (1992).: Organisation und Controlling von Produktentwicklungen, Stuttgart: Schäffer-Poeschel, 1992

Schulz von Thun, F. (1993): Miteinander Reden, Teil 1, Störungen und Klärungen, Hamburg: Rowolt, 1993

Schwarzer, U. (1997): Siemens: Schlag auf Schlag, in: Manager Magazin 27 (1997) Nr. 12, S. 48

Simon, H. (1989): Die Zeit als strategischer Erfolgsfaktor, in: ZfB 59 (1989) Nr. 1, S. 70 - 93

Taylor, F. W. (1913): Die Grundsätze wissenschaftlicher Betriebsführung, München, Berlin: Oldenbourg, 1913

Watzlawick, S. / Beavin, J. H. / Jackson, D. D. (1990): Menschliche Kommunikation: Formen, Störungen, Paradoxien, 8. Aufl., Bern u. a.: Huber, 1990

Wildemann, H. (1993a): Optimierung von Entwicklungszeiten: Just-In-Time in Forschung & Entwicklung und Konstruktion, München: TCW Transfer-Centrum, 1993

Wildemann, H. (1993b): Änderungsmanagement - Leitfaden zur Einführung eines effizienten Managements technischer Änderungen, München: TCW Transfer-Centrum, 1993

Wildemann, H. (1995): Produktionscontrolling: Systemorientiertes Controlling schlanker Produktionsstrukturen, München: TCW Transfer-Centrum, 1995

Wolff, M.-R. (1997): Unternehmenskommunikation - Anwendungen und Potentiale der Internet-Technologie, in: Handbuch der modernen Datenverarbeitung - HMD 34 (1997) Nr. 196, S. 8 - 21

Diplomarbeiten Agentur

Die Diplomarbeiten Agentur vermarktet seit 1996 erfolgreich
Wirtschaftsstudien, Diplomarbeiten, Magisterarbeiten, Dissertationen
und andere Studienabschlußarbeiten aller Fachbereiche und Hochschulen.

Seriosität, Professionalität und Exklusivität prägen unsere Leistungen:

- Kostenlose Aufnahme der Arbeiten in unser Lieferprogramm
- Faire Beteiligung an den Verkaufserlösen
- Autorinnen und Autoren können den Verkaufspreis selber festlegen
- Effizientes Marketing über viele Distributionskanäle
- Präsenz im Internet unter **http://www.diplom.de**
- Umfangreiches Angebot von mehreren tausend Arbeiten
- Großer Bekanntheitsgrad durch Fernsehen, Hörfunk und Printmedien

Setzen Sie sich mit uns in Verbindung:

Diplomarbeiten Agentur
Dipl. Kfm. Dipl. Hdl. Björn Bedey —
Dipl. Wi.-Ing. Martin Haschke ——
und Guido Meyer GbR ————

Hermannstal 119 k ————
22119 Hamburg ————

Fon: 040 / 655 99 20 ————
Fax: 040 / 655 99 222 ————

agentur@diplom.de ————
www.diplom.de ————